U0666735

正念指导

[英] 莉兹·霍尔（Liz Hall） 著

董良和 译

Coach Your Team

中国原子能出版社　中国科学技术出版社

·北　京·

Coach Your Team.
Copyright © Liz Hall, 2019.
First published in Great Britain in the English language by Penguin Books Ltd.
由中国科学技术出版社 China Science and Technology Press Co., Ltd 及中国原子能出版社
China Atomic Energy Publishing &Media Company Limited 与企鹅兰登 (北京) 文化发展
有限公司 Penguin Random House (Beijing) Culture Development Co,Ltd. 合作出版
北京市版权局著作权合同登记　图字：01-2023-5045。

图书在版编目（CIP）数据

正念指导 /（英）莉兹·霍尔（Liz Hall）著；董
良和译 . — 北京：中国原子能出版社：中国科学技术
出版社，2024.2
　书名原文：Coach Your Team
　ISBN 978-7-5221-3331-7

Ⅰ . ①正… Ⅱ . ①莉… ②董… Ⅲ . ①管理学 Ⅳ .
① C93

中国国家版本馆 CIP 数据核字（2023）第 255111 号

策划编辑	李清云　褚福祎	**责任编辑**	潘玉玲
文字编辑	褚福祎	**版式设计**	蚂蚁设计
封面设计	马筱琨	**责任印制**	赵　明　李晓霖
责任校对	冯莲凤　张晓莉		

出　　版	中国原子能出版社　中国科学技术出版社
发　　行	中国原子能出版社　中国科学技术出版社有限公司发行部
地　　址	北京市海淀区中关村南大街 16 号
邮　　编	100081
发行电话	010-62173865
传　　真	010-62173081
网　　址	http://www.cspbooks.com.cn

开　　本	787mm×1092mm　1/32
字　　数	108 千字
印　　张	10.25
版　　次	2024 年 2 月第 1 版
印　　次	2024 年 2 月第 1 次印刷
印　　刷	北京盛通印刷股份有限公司
书　　号	ISBN 978-7-5221-3331-7
定　　价	68.00 元

自　序

　　2014 年,《哈佛商业评论》(*Harvard Business Review*) 发表了一篇关于乌卡时代 (VUCA) 的文章。乌卡时代是美国军方创造的一个缩写词,用来描述冷战后的全球状况,即动荡 (volatile)、不确定 (uncertain)、复杂 (complex)、模棱两可 (ambiguous)。大约就在这个时候,我与人合著并编辑了一本关于危机及转型时期如何进行指导的书。之所以写这本书,部分原因是受到 2008 年全球经济危机余波的推动。我记得当时我还在想这一主题的

"保质期"能有多久。如果当时写得不是那么严肃的话，那本书会很有趣。

现在，世界似乎变得更加疯狂了。我们正处于一场全球挑战的风暴之中，这种挑战也包括一场席卷全球的精神健康危机。焦虑及抑郁等心理健康问题正在对个人及社会造成巨大影响，让人无法对组织做出有意义的贡献。仅在英国，糟糕的心理健康状况每年就给聘请者造成高达 420 亿英镑[1]的生产力损失。在美国，每年因心理健康问题造成的生产力损失则高达 5000 亿美元。

我们在工作场所及社会中都面临着许多紧迫问

---

[1] 2023 年 10 月 30 日，1 英镑折合人民币约 8.88 元。
——编者注

题，不胜枚举，如气候问题、粮食问题及其他威胁。随着技术的发展，数据轰炸、社交媒体平台操纵以及信息脱节不断加剧。新技术在第四次工业革命中被广泛采用，道德问题引起关注，再培训的需求越发迫切。世界经济论坛警告说，除非管理得当，否则全球劳动力市场的重大变革会进一步加剧正在扩大的技能差距、不平等及两极分化。

无论是个人还是集体，面对所有这些挑战，都需要积极应对。我们需要新型对话。我们需要新型集体叙事及实践——关于我们如何与他人相处，如何合作，如何领导、管理他人，明白在这个时代成为人类意味着什么。

我们要摒弃不再适用的陈旧做法，制订更适合目标的替代方案，实施这些方案。领导者及管理者应发挥关键作用。我们必须以意义、目标及价值观为中心，发挥勇气和创造力，培养同情心，创建合作创造的新进程。

我们中有许多人——不管是作为领导者，还是管理者或者教练——在我们的组织及生活中，都在寻求改变。我们正在寻找另一种做事及存在的方式。因为，在某种程度上，我们知道事情不能像现在这样继续发展下去。现在的做法不可持续。在全球范围内，包括职场、教育等各种领域，正念指导应该被广泛推广。这在一定程度上是对我们所面临的挑战的一种回应。

几年前，我就意识到自己不能再继续保持现状，于是我开始了正念指导实践。那段时间我压力很大，疲惫不堪。我是一名单身母亲。作为一名记者，我非常卖力地工作。讽刺的是，我写了很多关于工作幸福的文章。当时我的孩子很小（现在都长大了），我不想把那么小的孩子交给别人去照顾，我感到撕裂般的痛苦。我似乎从来都没有足够的时间、足够的精力或者足够的耐心。

有一天，我开车从保姆那里接孩子回家，女儿大喊大叫，我厉声呵斥。后来我把车停在路边，也大叫起来。

一位女士敲了敲车窗："你还好吗？要不要进来喝杯茶？"

我强忍泪水，倍感惭愧，点了点头。

多么可爱的女士！我时常怀着深深的感激之情想起她。她安抚我说，她有 4 个孩子，她自己也有母亲，她也经历过挣扎，很多时候都会挣扎。

喝完茶，吃过饼干，享受了来自陌生人的爱，我开车回家。我与一位朋友说起这些时泪流满面。这位朋友碰巧是一名从事全科咨询的护士。她告诉我一个方法，这个方法曾对她很有帮助。我当时并不知道，这个方法就是正念。这个方法并不一定容易，但确实操作简单。使用了这个方法，我开始时不时获得片刻平和宁静，偶尔会有一种豁然开朗的感觉。我感受当下，不再恐慌，不再担心未来的最后期限、项目如何交付、我到底该如何完成一切，也不再认为我这个母亲有多么糟糕。我记得我和女儿一起看了一本图画书，我突然注意到，哇，我真的实实在在地在陪着她。真是太神奇了！

正念指导让我体验了许多美好，让我感到醍醐灌顶、更加清醒，生活和工作也更有目标。我们需要觉醒。在许多方面，我们正在觉醒。

我们看到，越来越多的组织都以目的为导向，由清醒审慎的领导者领导，他们能够对员工的欲望、需求和期望作出反应。除了渴望得到支持、获取幸福感和心理健康以外，人们越来越希望工作不仅是领取工资。他们想要职场文化更自主、更便利。他们希望看到领导力，看到管理风格。他们寻求意义和目标。他们渴望发展机遇。在选择聘请者之前，千禧一代❶会审视该组织的价值观及发展机遇。他们尤其希望获得指导及专业支持。

高管指导已成为一种世界性现象，用于：

————————

❶ 指出生于 20 世纪且未成年，在跨入 21 世纪以后达到成年年龄的一代人。——编者注

- 提高应变能力及管理压力的能力。

- 培养更高的情商。

- 增加灵活度及开放性。

- 转变文化。

- 创造新型叙事。

越来越多的组织现在提供内部指导，越来越多的机构正在开发指导文化、培训自己的内部指导，并将指导融入领导力开发。指导被认为是一项关键的领导责任，是一项核心领导能力。它将杰出的领导者与所在领域一般水平的领导者区分开来。

正念也无处不在。谷歌、安永及许多其他公司都推出了正念课程。正念也正被推广到世界各地的学校。在医疗保健领域，正念已成为治疗复发性抑郁症及许多其他精神疾病的首选疗法之一。

在我的指导实践中，正念帮助了那些我接触的人，让他们更有弹性，能够更好地处理复杂及模糊的问题。他们变得更有创造力，情商更高，心智更成熟，从而大大强化了与自身、与他人的关系。最终，正念帮助了我接触的那些人。这个好处无疑最为重要。

正念非常适合这个挑战无所不在的时代。一项针对受过正念训练的领导者的研究发现，这些领导者更具弹性、更具协作性，更能在复杂的条件下发挥领导作用。该研究还发现，正念领导者及管理者所获得的益处已经传递到组织的其他部门。

许多组织正在认识到正念指导的益处，并在组织结构及流程中采用正念做法。将正念指导与建立同情心等各种举措结合运用，即我所说的"有意指导"。

有意指导方法借鉴了我自己及他人多年的研究成果，以及与指导客户合作、教授正念及同情心和编辑《工作中的指导》（*Coaching at Work*）杂志时的丰富经验和学习心得。它结合了古老的学科，如正念，还有新的领域，如神经科学。我们越来越容易接触到久经考验、有案可稽的前沿发现、实践及技术。在本书中，我将介绍并解释其中的一些内容，以供你融合在自己的组织中。

本书讲述了为什么要进行正念指导，突出了实践的诸多益处，阐释了正念指导是什么、有意指导是什么，还为你及团队中的其他人提供正念指导准备了切实可行的指南。

虽然本书的内容有顺序，但你可以自由阅读。我的目的就是播下一些积极的种子，为你提供支持，让你觉醒、成长、更审慎地工作，改造职场。

目　录

正念指导
COACH YOUR TEAM

第一部分

出发

第一章
扬帆启程

如今，在涉及领导、指导、企业管理等领域，我们越来越频繁地看到"有意"一词，这个词几乎用于万事万物。唤醒自我，厘清头绪，深刻领会：我们需要改变自身的思维方式及存在方式。这一概念在很大程度上成为时代精神的一部分。澄清意识，做出英明改变，进而留给自己更多的回旋空间，这是有意指导方法的基础所在。

正念及同情越发成为主流，人们对其益处也越发了解。我们看到，越来越多教练、领导者及经理在指导方式上借鉴了这些方法。有意指导明确吸纳了正念及同情。但是，我们所说的通过普遍正念、同情及有意识指导来进行指导具体是什么意思呢？

🤝 什么是指导

指导就是与客户合作。这一合作过程发人深省，富有创造性，可以激励客户尽其所能，将个人潜力及专业职业潜力发挥到最大限度。

——国际教练联合会

（International Coach Federation）

在职场，指导是为了让员工有能力承担起自身职责，增强员工自主权，让他们找到自己的解决方案，做出自己的决定，而且，要假定他们有能力做到这一点。因此，我将指导定义为：

（指导是）一个共同创造的过程，可以帮助人们发掘自身智慧，从而去学习、发挥自身潜力。

我们可以在小组及团队中一对一地进行指导。我们也可以指导自己。团队及小组指导算不得新鲜事物。多年来，普华永道等公司一直在提供团队指导，其他公司可能需要更长的时间才能迎头赶上。不过，这些公司发展都很迅速。2016 年的一份报告表明，在接下来的 3 年里，76% 的组织都计划增加团队指导，47% 的组织正在考虑引入团队指导。

然而，许多人会将团队指导与其他团队活动混为一谈，比如与行动学习、便利帮扶、团队建设、流程咨询或团队休假等混为一谈。理解团队指导与其他团队活动之间的差异非常重要。

● 团队指导是一种集体干预，针对团队中共同工作的群体，使用核心指导技能并关注群体动态。

● 小组指导指在小组环境中进行的个别指导。

指导可以采用非正式形式，比如经理与直接下属之间的走廊式简短对话，也可以采用更为正式的方式。二者所需的基本技能都是一样的，比如要主动倾听及询问，而不是简单告知。

指导与其他干预措施有何不同

指导与治疗或咨询之间的不同

一般而言，要基于治疗方法所提供的信息来进行指导的方法有认知行为疗法、寻解疗法及交流分析疗法。指导与治疗或咨询有所不同，指导的对象足够健康，可以解决自身问题，尽管他们一开始需要指导来提供支持。当然，指导也不排除要应对那些正在与心理健康问题做斗争的人，比如那些不知何去何从、深陷焦虑的人。

指导与辅导之间的不同

指导和辅导有时会被混淆，因为指导和辅导时使用的技能存在交叉（如积极倾听）情况。所谓辅导，指我们认为导师具有宝贵的专业知识及经验，要去分享。而在指导时，我们假定对方知悉什么对他们最有利。

指导与培训之间的不同

就像辅导一样，说起培训，我们便认为培训师有知识需要传授。培训师负责这一进程，并推动课程进展。而在指导时，整个进程由接受指导者来控制。

什么是有意指导

有意指导建立在专业指导的核心概念及能力之上（我们将稍后再学习），并结合了正念及仁慈的理念及实践。我们可以这样定义有意指导：

有意指导是一个将核心指导技能及技巧与正念

及同情领域相结合的过程，用来帮助人们发掘自身智慧。这样人们就可以学习、成长、完满。

我们所说的正念及同情是什么意思？正念及同情从何而来？

🤝 正念简史

正念是一种古老的技巧，经历了时间的考验。

1979 年，乔·卡巴 - 金（Jon Kabat-Zinn）在美国马萨诸塞大学医学中心的基地，开始提供第一个为期 8 周的基于正念的减压培训。该培训在全球范围内掀起了一阵类似的培训热潮。例如，在英国，自 2004 年以来，咨询公共机构国家健康与临床卓越研究所（NICE）建议使用以正念为基础的认知疗法治疗复发性抑郁症。鉴于正念在医疗保健中所起的作用，许多研究都开始关注正念。因此，现在正念广为认可。

卡巴－金将正念定义为：

有目的，活在当下，不做评判。

英国心理健康基金会（Mental Health Foundation）在其定义中承认正念的生理基础："正念是一种综合性的方法，可以帮助人们改变思考和感受自身身心。"

英国政策研究所正念倡议（Mindfulness Initiative）强调，正念是"一种与语言习得相类似的人类固有能力。这种能力让人们得以以开放、好奇和关心的态度，专注当下、内心及环境中的体验。"

其他与正念相关的态度包括不做评判及接纳。

埃伦·兰格（Ellen Langer）是一位正念研究者，著述颇丰。她将正念定义为"一种灵活的心态，在这种心态下，我们积极融入当下，关注新事物，充分感受环境"。

练习正式冥想只是进入"正念状态"的诸多方法之一。其他方法包括"正念散步"或参加专门为促进灵活性和开放性等正念特质而设计的团队活动。

要想完全理解正念，最好去体验一下正念。

试试这个

进入正念

接下来你可以花 5 分钟左右的时间，坐在一个不会被打扰到的地方，舒坦一下，放松双肩，把手放在大腿上，坐直，闭上眼睛或向下凝视；感受身体接触座席的感觉，双脚接触地面；做 3 次深呼吸，然后正常呼吸。

这时，你可以留意你周围的声响，只是倾听，不要觉得这些声响和你有任何关联，甚至也不要管它们是什么声音，留意声音飘忽徘徊，然后"回归"房间，睁开双眼。

我们将在本书的许多练习开始时都做这个练习，所以要确保你做得很舒服。

意识三角

另一种获得正念的方法是使用意识三角（见图 1-1）。意识三角是我们在正念中探索的领域地图。它涉及我们与事物一起参与当下。它邀请我们将意识的聚光灯照射到我们意识领域中注意到的任何东西上——透过窗户的阳光、倾盆大雨、一些美丽的花朵、某人的微笑或冷酷的面孔。我们意识到我们的思想、情绪及体感是相互联系在一起的。

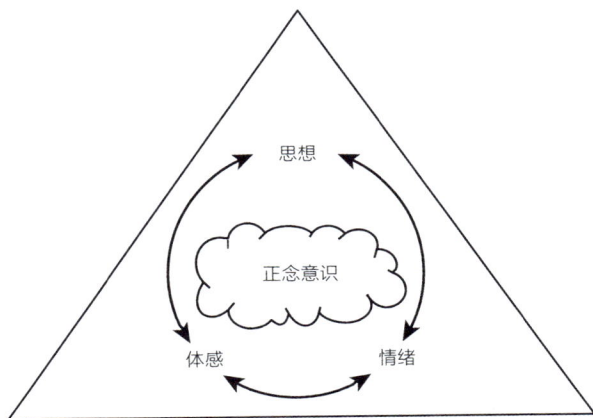

图1-1　意识三角

🤝 同情简史

人们认为同情是美德。然而，与正念一样，同情最近已经超越了精神范畴，渗透到了医疗保健、教育及职场等领域。与正念相同，医疗保健领域采用同情方法。关于同情所产生的影响的研究越来越多，在很大程度上使得同情在人群之中找到了"合法"身份。临床心理学家保罗·吉尔伯特（Paul Gilbert）是实现这一转变的先驱之一。他开发了以同情为中心的疗法来治疗有严重精神健康问题的人。以同情为中心的疗法的应用范围已经扩大到治疗其他疾病，包括慢性疼痛。这种疗法是一些英国国家医疗服务体系医院会选择的一种治疗方式。

我们越来越多地在教育倡议中看到同情，包

括美国的同情学校项目（Compassionate Schools Project）和英国的 CoEd 基金会。各个组织及众多领导者越来越关注同情，越来越认为同情是领导力的一个基本方面。

2018 年 8 月，精明领袖组织（Minded Leader）和加里森研究所（Garrison Institute）举办了一次会议，会后发表的一份报告将同情描述为"职场正念的下一个前沿领域"。

这次会议汇集了来自谷歌、传闻库（BuzzFeed）、安泰保险（Aetna）、哈佛朝圣医疗（Harvard Pilgrim Healthcare）、哈门那（Humana）、诺和诺德（Novo Nordisk）、波音、路威酩轩（LVMH）、富达投资（Fidelity Investments）、联合国、世界银行、善意（Goodwill）慈善非营利组织和纳罗帕大学（Naropa

University）等组织的正念拥护者。他们发现需要
就工作中的困难话题进行更多极富同情的对话。同
情可以帮助组织缓解管理变革所带来的压力及困难。
会议上大家发出呼吁，将同情心及同理心融入领导
力发展，为正念奠定了基础。

　　一种定义同情的方法是"用行动表达同理心"。
当然，行动才是关键。

　　保罗·吉尔伯特将同情定义为：

　　　对自身及他人苦难感同身受，有帮助他人减轻
苦难的真诚愿望。

　　蒂姆·安斯蒂斯（Tim Anstiss）是一名医生，
也是健康指导学会（Academy of Health Coaching）

的创始人。他指出，同情不是一件简单的事物，同情是一个"复杂的人际行为体系，这一体系与生俱来，励人奋进。同情心依赖一系列技能、能力及力量，包括同理心、慷慨、开放、痛苦承受能力、投入及勇气，这些能力促成了同情"。

国际领导力研究所罗菲帕克学院（Roffey Park）对工作中的同情进行了广泛的研究，开发了一个工作同情指数（compassion at work index），帮助个人评估其工作中的同情水平。该指数定义了同情的 5 个属性：

- 具有同理心。

- 对他人的痛苦感同身受。

- 不做评判。

- 忍耐个人痛苦。

● 采取适当行动。

通常，一谈起同情，我们就认为同情是指我们对别人将心比心，但同情其实也涉及同情自己（自我同情）及接受别人的同情。

有意领导者

因此，在探索了我们所说的指导、正念及同情的含义之后，现在让我们来看看采用有意指导方法的领导或经理会是什么样子。

素质、特点及抱负

● 具有韧性、适应性、灵活性。

- 具有自我意识及高情商。

- 悲天悯人。

- 渴望不带偏见。

- 谦逊。

- 好奇且开放。

- 富有创造力，乐于尝试。

- 能够获得元认知（意识到自己很清醒）。

- 可以忍受含糊其词或"不知道"。

行为

- 受过培养正念及同情心的培训，会定期练习。

- 了解自己及他人的指导技能。

- 体现同情心，采取行动，减轻他人痛苦，并且鼓励他人也同样做事。

● 鼓励他人保持好奇心、创造力并勇于尝试。

● 助力发展植根于指导、正念及同情心的团队文化及组织文化。

第二章
深入研究

如果公司不善用指导，那它不仅会失去一个促进组织变革及提升员工参与度的强大工具，而且还会失去一种提高生产力的工具。

——尼克·卡特兰（Nick Cutland），

城市行业协会（City & Guilds）

及工业光学魔术公司（ILM）质量总监

一些研究分别关注了引入指导、正念及同情的潜在益处。这些研究可以揭示这三者之间的许多共同点。研究表明，参与其中任何一种实践都会带来许多关键好处。

- 韧性及幸福感。

- 情商：增强自我意识及他人意识，改善关系，促进合作及解决冲突。

- 生产力：通过强化信任，提升员工敬业度、创造力及大局思维，提高个人和集体绩效。

- 敏捷领导力：培养更具适应性、敏捷性及协作性的领导力或管理风格。

- 实施变革：采取系统性变革并实施指导文化。

让我们依次探究这些方面。

🤝 韧性及幸福感

许多研究指出，指导可以帮助人们更好地管理压力、建立韧性、改善身心健康、增加幸福感，另外还会带来其他好处。

安东尼·格兰特（Anthony Grant）和肖恩·奥康纳（Sean O'Connor）的一项研究高度阐明了如何利用指导来帮助人增强韧性，以更好地应对变革，让人们变得更敏捷、更自信、更加注重学习。

这种干预措施要"恰逢其时"，帮助员工，避免其因产生抑郁情绪而请假。

在当前的大环境下，许多人都担心自己会失业。人们倍感压力，想要自己表现得更好，希望聘请者可以看在眼里。然而，过度工作并不能提高生产力，

许多研究证明，过度工作可能恰恰事与愿违。与旷工相比，假性出勤与生产力损失的相关性更大。研究揭示了一个临界点，即我们可以"应付"多少加班。如果我们每周工作超过 55 小时，患中风的风险比每周工作 35—40 小时要高出 33%。

在指导课程中，我们可以挑战许多员工所受制的无益假设，这些假设会威胁到员工的生产力，也会威胁到他们的福利，甚至是健康。这些假设包括："如果我一直忙碌，我就会更优秀""我必须把每件事都做完美""我必须让别人看到我工作非常努力，否则别人会认为我毫无价值"。

指导可以支持那些已然经历心理健康不佳状况的员工，身心健康欠佳情况比我们想象得更为常见。说实话，我的许多客户，还有那些和我交谈过的其他指导者都和我倾诉分享过他们如何越来越挣扎。一位名叫约瑟夫（Joseph）的客户非常具有代表性："我感觉自己就像是一个提线木偶，被提出种种要求，无休无止。"

指导可以帮助人们制订个性化策略，克服问题，同时，又能让他们的体验回归常态。这样，他们就不会感到孤独。指导可以提供一个安全的隐私空间，在这样一个空间，员工可以探查困难的感受、想法及症状，特别是当他们抗拒接受治疗或使用员工援助计划时。一项研究发现，尽管有 23% 的员工表示他们可以使用员工援助计划，但只有 2% 的员工在有精神疾患时使用过员工援助计划。

正念已经被证明可以改善各种精神及身体健康状况，包括焦虑失眠、心血管疾病及慢性疼痛等。

一项研究发现，将正念训练与指导相结合，有助于客户实现与健康相关的目标。该研究中，约 45 名参与者被随机分配到 3 个健康项目中：第一个是先进行正念训练，再进行认知行为解决方案指导；第二个是先进行认知行为解决方案指导，再进行正念训练；第三个是直接参与健康教育研讨会。那些在接受指导前接受正念训练的人的焦虑及压力会显著减轻。这项研究强调了建立在指导基础上的促进性风格实践十分有效，发现可以通过促进及支持来实现更大的行为变革，而不是通过教育及说服来实现。

研究表明，积极培养同情心也能促进健康及幸福，减轻抑郁及焦虑，提高应对逆境的能力，有助于增强幸福感及乐观情绪，并提高积极情绪的水平。正如下文苹果树应答服务公司（Appletree Answers）的故事所表现的那样，培养同情心还可以提高员工的忠诚度。

案例研究

苹果树应答服务公司

约翰·拉特利夫（John Ratliff）于 1995 年在美国特拉华州（Delaware）的一套两居室公寓里创办了苹果树应答服务公司，提供电话应答服务。到 2012 年，他将公司出售给一位战略买家。那时，他已经通过一系列收购，将公司发展壮大，拥有 650 多名员工，在美国有 24 个营业点。

在担任总裁兼首席执行官期间，基于同情，他与他的团队推出了一项名为"梦想开启"的倡议，用于加强员工参与度，建立意义深远的公司文化。该计划受到许愿基金会（Make a Wish Foundation）方法的启发，让员工来帮助他人实现一个终生梦想，以此来经常表达对彼此的同情。其中一人想要为女儿在马戏团举办生日派对，还有一人则希望正在接受化疗的丈夫能在体育场观看他最喜欢的球队的比赛。

在一段关于该计划的视频中，拉特利夫说："回顾一下公司的历史，去寻找改变游戏规则的时刻，或者关键的时刻，我们看到那些时刻，就会说，'哇，我们的公司从那一刻开始再也不一样了。'"

在同一段视频中，员工们分享了他们自己的经历，说他们有多么感动。他们因此对公司更加忠诚。在推出"梦想开启"后的6个月内，员工流动率从97%下降到33%。这非常不寻常，因为呼叫中心的员工保留率极低。

拉特利夫后来与人共同创立了结盟5（align5）公司，这是一家为成长型公司企业家服务的公司，他在公司负责领导战略计划及指导。

同情现在是苹果树应答服务公司服务语言的一部分。例如，其宣传材料称，与公司的"呼叫应答专家互动，体会极致同情与一流技术"。指导也起到了一定作用，公司的经理非常敬业，呼叫中心的员工经常会收到经理的反馈。经理会在准确性、专业性、语法和语气方面对员工进行指导。

"梦想开启"是拉特利夫一直引以为豪的倡

议，align5公司为希望实施梦想开启倡议的公司提供支持。在视频中，拉特利夫说："'梦想开启'倡议从根本上改变了我，让我能对员工的经历感同身受……公司也参与改善了员工的生活。"

🤝 情商

高情商是职场中的一项重要技能。在个人层面，它能预测个人的领导行为；在团队层面，领导者情商越高，团队效能水平越高。提高情商本身就是指导的一个广泛目标，尤其是在领导力和管理指导方面。

研究表明，指导可以提高情商，改善人际关

系，尽管可能需要一些时间。安东尼·格兰特做了一项实验：一个项目有23名参与者，他们参加了为期13周的指导技能培训课程，包括每周研讨会（持续2个半小时）及行动学习；另一个项目有20名参与者，参与者要完成为期2天的"经理即指导"培训计划，第一次培训与第二次培训（每次1天）之间有为期3周的行动学习。实验结果表明，参加较长的课程可以提高以目标为中心的指导技能及情商，而2天的分组强化训练与以目标为重点提高指导技能有关，但与情商无关。

改善人际关系有助于减少职场冲突。职场冲突可能会对个人及组织产生重大负面影响。广泛的压力、组织结构调整（以及随之而来的对地位及安全的不确定性及威胁）及现代工作方式的改变（远程工作更多，外出工作增加，导致在线交流更频繁），所有这些都可能会导致冲突。例如，我们都知道电子邮件是多么容易出错。严重的关系冲突会降低士气，削弱生产力，导致更多员工流动，影响组织的赢利能力。

正念在提高情商方面非常有效。至少有45项职场正念研究将正念与改善工作关系、支持合作及提高员工面对挑战的应变能力联系起来。正念改善了情商的四大支柱（自我意识、自我管理、社会意识及关系管理），从而减少了职场冲突。

美国多项研究发现，经过正念训练后，人的情商指标会有所提高。一项针对司法机构的研究发现，在对违法人员重蹈覆辙的评估中，短暂的心理干预可以让他们更少依赖各种假设，还可以增加其决策过程中的专注、关注及反思。

一项研究显示，练习正念的领导者，其员工更有可能对同事表现出关心，并能坦诚地表达意见。

培养同情心可以改善关系、加强协作、强化在工作中对他人的信任及与他人的联系、提高关系满意度、促进治愈及建立高质量关系，强化组织中相互联系的共同价值观。

🤝 生产力

人们广泛认为，指导是提升生产力及绩效不可或缺的一部分。领导力及管理研究所（Institute of Leadership & Management）2018 年进行的一项调查显示，增强信心、绩效和生产力是接受过指导的人所看到的最重要的积极变化（不仅对他们自己而言，对他们的团队和组织也一样）。约58%的受访者表示，在接受指导之后会信心满满；42%的受访者认为接受过指导的同事的表现会有所改善。相应地，这就意味着整个团队的表现都有所好转。绝大多数受访者表示，在管理单个人员（84%）及管理特定项目（88%）的困难时期，指导会对其有所帮助。

根据研究，持续的团队指导可以为团队绩效带来可持续的持久性改善，比团队凝聚力及团队建设实践更为重要。

案例研究

励正集团（Legal & General）

英国跨国金融服务公司励正集团将指导融入

其人才发展计划，提高了员工的忠诚度、敬业度及绩效。评估发现，客户满意度提高了15%，工作人员满意度提高了20%。此外，在12个月的时间里，80%的通话质量分数逐月提高。有几个月，经理们每月都会进行指导，在这几个月里，员工的个人绩效指标也有所改善。

该方案侧重开发指导文化，并获得了出乎意料的益处。各级经理都作为指导者和项目伙伴参与到方案之中，要么为项目提供部分服务，要么鼓励团队成员报名参加该项目。

该方案有助于学习及发展文化的重大转变。自2014年以来，80%以上的完成指导项目的人都在职业生涯中取得了进步，50%以上的人晋升为团队经理。

国际教练联合会（ICF）的一项研究提到，谈起指导的效果，除了提高沟通技巧及增强自尊与自信以外，提高生产力是大家最常提及的一项。

正念也能提高生产力。练习正念的领导者，其员工就感觉不那么疲惫，工作与生活更加平衡，工作绩效评分也更好。正念通过提高人的认知灵活性，让人更快、更理性地做出决策，以提高生产力。它还能提高人的创造力和洞察力，以促进问题的解决。许多聘请者都利用正念来提升员工创造力及创新能力，比如苹果、谷歌、麦肯锡、宝洁（Proctor & Gamble）、通用磨坊（General Mills）和塔吉特（Target）。培养员工同情心也能增加创造力。

指导提高团队及组织绩效的一种方法是提高

员工的敬业度。如果有富有同情心的领导者来领导员工，那么员工则更有可能愿意投入。富有同情心的文化会强化员工对组织的承诺，降低员工离职的可能性。

案例研究

博姿集团（Boots Contract Manufacturing）

将领导者培养成发展指导者，这一行为帮助全球合同制造公司博姿集团留住了 92% 的人才，并且节省了约 8.8 万英镑的招聘成本。

博姿集团让领导者参加了一系列研讨会。这些研讨会涉及自我意识、激发力量与增强人才能力以及制订开发计划。在谈到第一次研讨会时，时任博姿集团高级学习及发展经理的珍妮·古德温（Janine Goodwin）说："重点是让领导者认识到某些领域存在的传统威权文化，理解到更具指导风格的领导可以为培养人才带来机遇，并且接纳这些机遇。"

领导们报告说，他们感到自己被赋予了权力，对指导充满信心，展示了更多的指导技能，比如多倾听、多提问。博姿集团的领导风格从"了解员工关心什么、什么能够激励员工"开始。

🔵 敏捷领导力

指导通常是为了帮助领导者及管理者将他们的行事风格从指挥控制转变为协作促进。通过激励及创新等手段，指导有助于领导者成为"转型型领导者"，与员工建立共同的目标。其方法包括促进所有人的自我发展，并以合作的亲和方式让他人参与进来。

正如领导力教练及顾问埃里克·德哈恩（Erik de Haan）与安东尼·卡索兹（Anthony Kasozi）所说的那样，指导可以帮助领导者及管理者提高自我意识，从而：

- 了解自身的弱点。

- 平衡自身的优势和劣势。

- 更具同情心。

- 真正专注于团队。

- 更有韧性。

指导为领导者及管理者提供了一个反思的空间，他们可以在各空间探索自己的角色，也可以在更广泛的领域探索千变万化的挑战。

正念可以增强领导者的领导能力，去面对这个纷繁复杂、极具挑战的时代。正念能够做到这一点。其中一种方法就是提升自我意识，从而提高能力，挑战个人假设，获取多个视角，帮助团队避免"群体思维"（即团队总是怯于挑战，群体思维及决策质量较差）。正念还可以提高道德及可持续的决策与行为，帮助人们更多地接触到自身的真实价值。

阿什里奇商学院（Ashridge）的研究发现，"有头脑的领导者"能够在复杂的条件下更好地合作及领导，更愿意在困境中坚守，更有可能积极推动紧急情况下自下而上的决策的执行。他们发展了3种关键能力：

● 元认知（意识到自己很清醒）。

● 允许（可以接受事物的本来面貌，以对自身及他人的开放友善精神来对待人们的经历）。

● 好奇心。

开发这些能力可以增强专注力、调节情绪、把控视角、培养同理心及提高适应能力，帮助领导者创造更多空间，以做出妥帖的回应。

下文中的伊尼戈·卡斯蒂略（Iñigo Castillo）完全符合有意的"领导即指导"这一类别，他体现了谦逊这一核心正念态度。他的故事表明，如果你是节目的主角，即使你是一个孤独的声音，你也可以产生戏剧性的影响。我想起了道家老子的一段话："太上，下知有之……功成事遂，百姓皆谓我自然。"我对这段话的理解是，当人们几乎不知道领导者的存在时，领导者便是最好的。他很少发号施令，当工作完成、目标实现时，人们会说"我们本来就是这样的"。

案例研究

伊尼戈·卡斯蒂略的故事

雷诺丽特（智利）（Renolit Chile）首席执行官伊尼戈·卡斯蒂略认为，在 2005 年 3 月至 2016 年 12 月担任首席执行官期间，他的正念练习、指导培训和参与式领导方法帮助雷诺丽特（西班牙）（Renolit Hispania）扭转了局面。雷诺丽特是一家国际制造商，经营高品质塑料薄膜及其衍生产品。

他告诉我:"损益表显示,引入正念会产生良好效果。我确信,如果我不从正念中汲取帮助,这家公司就无法渡过这场巨大的危机。正念对公司帮助很大,在这种情况下,有一位首席执行官可以领导危机的改变,非常重要。"

卡斯蒂略于2012年首次开始冥想及指导,在这些练习中,他获得了许多个人益处。这些练习帮助他锻炼了自我意识,从而促进了创造能力和创新能力的提升。

"当你意识到自我就是你的思想,意识到想要了解自我,就需要正念,那么你工作中的态度及行为就会开始包含自我。这时,你便开始更完全地向他人敞开心扉,创新也变得更为容易。你就会经常问别人，我们为什么不这样做？如果这样做会发生什么？"他相信指导及领导力相辅相成，"每个人都可以有自己最好的想法。我曾经试图解决所有问题，我会问问题，但却不会让人回答！现在我会让他们思考。'领导即指导'这种风格肯定对公司有利。"

尽管卡斯蒂略发现正念及指导都很有益，但他也发现并不是每个人都对二者持开放态度。他向30名中层管理人员提供了指导，但只有少数人接受了。"有人抵抗，可能是出于无知或者恐惧。也许就是因为时机不对"，毕竟，在2012年之前，他自己也并不了解正念，也会持怀疑态度。他承认这一点。

卡斯蒂略开创了一种不同的领导方式，采用

了领导即教练的风格。每年1月，他都会举行公开便利的全行业会议，回顾前一年工作，展望下一步行动。有一年，他请来了心理学家，举办了关于幸福及乐观的小型研讨会。

他说："尽管我提出的一些倡议的投入并不高，但我认为，这些倡议加在一起，对实现文化变革具有重大意义。与2006年相比，我们的工作方式更加灵活，团队可以实现更好的合作，领导者之间的冲突变少了，沟通也更顺畅了。我认为这是因为领导层树立了榜样。这个领导层更具创新性、更现代、更关注人。"

他总结道："在商业中，最终的结果可以从经济角度进行衡量，很明显，指导及正念会带来这种结果。我很高兴我们能取得如此进展。"

案例研究

马修·鲁内克尔斯（Matthew Runeckles）的故事

法国兴业银行（Société Générale）全球解决方案中心投资银行运营及技术副主管马修·鲁内克尔斯也利用了正念及指导，帮助自己找到了一个理想的角色，在信任的基础上创建了一个强大的团队。

在短短3年半的时间里，鲁内克尔斯实现了从负责大约100人到负责大约4600人的跨越式发展，还承担了一些额外的职责。

他将自己在这一角色所取得的成功（以及最初的成功）归功于指导及正念。指导及正念帮助他建立了一个强大的团队，信任、脆弱性及问责制是团队中同行的"货币"。

　　鲁内克尔斯第一次被指派的教练是领导力发展公司拉亚教练（Coacharaya）的拉姆·拉马纳森（Ram Ramanathan）。当时鲁内克尔斯从一个职能部门的负责人晋升为高级管理层人员，下属从大约 170 人增加到了大约 330 人。

　　教练支持鲁内克尔斯开发利用个人指导风格的领导力，探索价值观、信仰、态度及行为，"在这种探索的背后，有这样一个概念，即要成为一名优秀的领导者，你必须充满激情及动力，才能把人们吸引到你的身边"。

　　"通过指导，我更倾向于让员工给出他们自己的解决方案。"鲁内克尔斯说。

　　鲁内克尔斯从他生活的不同领域（健康、财富、学习、人际关系、精神等领域）探索了他

20年后想达到的境界。拉马纳森鼓励鲁内克尔斯去冥想，去想象如果梦想成真会是什么样子。2018年9月，兴业银行首席执行官离职，由副首席执行官接任。拉马纳森鼓励鲁内克尔斯想象得到自己想要的角色。拉马纳森坚信这会奏效，就像他对成千上万的人所做的那样奏效。鲁内克尔斯成功地获得了这个角色。

此外，鲁内克尔斯认为正念"帮助我在任何时候都能更专注于那一刻，更专注于手头正在处理的事情。倾听时，正念会帮助你，让你更加投入。你表现出正确的肢体语言，表明你在听，而不去评判。正念就是要好奇。我不敢说我在这方面做得很完美，但正念有助于我理解（他人的）视角，从而做出更好的决定"。他确信正念有很多好处，包括对健康也有好处。他聘请了一位正念教练来培训他的管理团队，提供基本正念技能的指导。他和团队一起冥想，并在一个为期半天的活动中尝试指导练习。该活动聚齐了他的直属高级管理团队、直接下属及人力资源经理。

正念指导对团队的好处包括建立更多的信任，有助于团队取得更大的成功。

鲁内克尔斯说："要想建立一个强大的团队环境，就需要建立信任。人们感到安全就会产生信任，而安全则建立在人们彼此之间的脆弱感基础之上。"

🤝 实施变革

重组、合并、办公室调整或领导层变动带来的组织变革是大型现代组织的必经之路。

自 2000 年以来，变革的速度急剧攀升，不可预知性大幅上扬，给管理者、领导者及其他人带来了更高的要求。在处理这些变革所带来的影响时，指导可以起到很大的帮助。

根据 2018 年对人力资源从业者及领导者的调查，国际教练联合会发现，指导这一活动对实现变革管理举措目标最有帮助。2018 年的另一项研究强调了指导在组织变革中的积极贡献。领导力与管理研究所调查了 1000 多名在医疗、金融或零售业工作的英国专业人士。大多数人（76%）认为，在这个时代，指导很有帮助，在采用新技术及不同的工作方式时，指导可以为团队提供支持（79%）。

根据国际教练联合会/人力资本指数（HCI）的报告，指导是"支持个人、团队及组织探索阻力的有力工具"。研究发现，在大规模战略变革及其他与高绩效组织相关的成果方面，拥有强大指导文化的公司更有可能取得成功。

指导可以减少或消除恐惧，增加改变的开放性。正如领导力与管理学院的报告所说，"指导是学习与发展干预中最为细致入微的一种，可以帮助员工理解变革的好处，有助于将员工的心态从消极转变为积极。指导可以消除变革中的恐惧因素，帮助个人在心理及实践上实现过渡"。

安东尼·格兰特和肖恩·奥康纳的研究强调了

指导如何有助于促进以解决方案为中心的思维，认为这是组织动荡及变革时期的一项关键技能。

案例研究

英国新闻

2011年，英国新闻（News UK）[前身为新闻国际（News International)]被曝出电话窃听及警察贿赂丑闻。作为回应，英国新闻启动了一系列举措来转变其文化，重建信心，提高员工参与度。其中包括一项内部指导举措。

2014年，内部指导者之一乔恩·穆尔黑德（Jon Moorhead）表示："这里发生的事情绝对是毁灭性的……指导是公司复兴的一部分。"

除了在治愈方面发挥作用之外，内部指导者

还希望让员工适应不断变化的媒体环境。

2016 年，时任英国新闻集团人才与发展主管的詹姆斯·赫顿（James Hutton）分享了丑闻发生后，如何利用指导帮助留住人才的经验。指导文化正在发展，各种团队正在越来越多地开始利用指导提升凝聚力。

第 三 章
知己知彼

心理意识是优秀指导的关键。深入理解大脑、身体及情绪如何运作，我们就能够用同理心指导自己及他人，找到积极的策略及行为向前迈进。我们在工作中所做的很多事情都由我们的人际关系决定，因此，了解他人的感受是作为领导者或指导者的一个重要事项。

以下是指导、正念及同情实践中的一些新思想。知道这些将帮助你打好有意指导实践的基础，熟悉其基础训练。

🌀 神经可塑性天赋

"我们反复做什么，我们就是什么样的人。因此，卓越不是一种行为，而是一种习惯。"

——亚里士多德

神经科学最伟大的发现之一就是发现了我们大脑的可塑性。即使我们已成年，大脑依然具有可塑性。当我们反复采用新的行为或思维模式时，我们就会创造新的神经通路，或加强现有的神经通路。有意指导能够很好地利用这种能力。

2013年一项使用大脑成像技术的研究表明，不同的指导方式能激活不同的大脑网络及区域。该研究发现，像我们在有意指导中所做的那样，围绕人们的梦想及愿景进行辅导（而不是为了顺从）更有可能激活神经机制。这可以激发个人的积极性，让人们更愿意去解决困难，对新想法及大局思维持更开放的态度。

正念练习是有意指导的核心，它通过增强与学习及记忆过程、情绪调节、自我参照处理和视角转换相关的大脑区域的活动，对我们的大脑产生积极影响。

正念及指导都能促进前额叶皮层的活动，有助于其保持"在线"状态。前额叶皮层对我们参与计划、组织、调节注意力、决策、获取动力、表达自己的个性及调节社会行为均有很大的影响。

🤝 我们的身体、思想及情感是如何联系在一起的

有一种无益的倾向，尤其是在工作场所，这种倾向会优先考虑我们头脑中发生的事情，而忽视我们的身体及情绪。

事实上，我们的身体、思想及情感无法分离，并且在不断地交换信息。最近的研究表明，除了位于颅骨内的大脑之外，我们的肠道及心脏中还有一个较小的类脑结构。就像我们在有意指导中所做的那样，更多地关注我们的身体，我们就可以获得智慧，排除心理健康问题，建立有效的关系，改善组织内的职场活力，为我们及我们指导的人提供服务。如果我们知道如何去合理利用，身体就可以为改变提供庇护。

试试这个

迷你身体扫描（10分钟）

步骤1：设置一个10分钟的计时器，使用意识三角，为练习建立一种意向性的心态。

步骤2：慢慢地"扫描"你的身体，从脚趾到头顶，寻找所有特别明显的感觉；使用全部注意力，将你的内部注意力焦点转移到身体的每个部位，在身体中向上移动；交替拉进以获取细节（例如，左大脚趾发生了什么），然后拉远，关注身体的更大区域（例如，整条腿）。身体的某些部位可能会感到疼痛。你要相应地调整姿势。但这个想法只是为了引起注意。你身体的某些部位可能没有留意到任何感觉。这很好，事实就该是这样的。你可能会在5分钟内到达你的大脑，或者发现你只探索了一小块区域，这些都无关紧要。如果你的注意力还不够专注，并且你注意到了这一点，那就拍拍自己的背，去体会一下，然后轻轻地把专注力带回来。

步骤3：时间到了（或者你已经准备好了），结束锻炼，舒展一下身体。

我们的情绪在职场发挥的作用远比想象的要大得多，因为压力、焦虑和抑郁等心理健康问题而寻求帮助的人数明显增加，这就是明证。

尽管解决工作中的情绪问题仍然存在广泛的阻力，但随着越来越多的组织意识到情绪素养对提高绩效的重要性，尤其是在转型及危机时期，情况正在发生变化。情绪调动能量，在任何系统中都能提供重要的反馈，帮助我们创造意义，支持决策，改善关系。未能很好地了解员工的情绪可能会阻碍变革计划，因为员工感觉不到有人倾听他们的声音，往往就会十分抗拒。处理好情绪是优秀指导的关键。

芭芭拉·佛雷德里克森（Barbara Frederickson）在她的"拓宽与构建"理论中解释说，爱、喜悦及信任等情绪是进化而来的适应能力，有助于我们建立持久的资源，拓宽我们对周围环境的认识，拓宽我们的思维及行动，帮助我们发展更具创造性、综合性、生成性、好奇心及灵活性的思维。爱、喜悦及信任等情绪也可以增进我们的健康和韧性，增强我们的能力，以便：

● 适应不断变化的环境。

- 识别机会。

- 适应限制条件。

- 从不幸中恢复过来。

研究表明，心理上具有安全感，从而能够信任他人，有助于我们取得成功，让我们更有创造力，更具创新性，更具协作性。所有这些特征在指导中都广受欢迎。

为了了解什么因素让团队更有效力、更成功，谷歌在 2 年多的时间里研究了 180 个团队，进行了 200 多次采访，分析了 250 多种不同的团队特征。结论是，团队成功或效力的最佳指标是团队合作及沟通的良好程度，最重要的因素是"心理安全"。如果团队成员感到安全，他们就会：

- 成为更强的团队成员。

- 对各种想法持开放态度。

- 更有可能留在公司。

🤝 思维方式

我们的大脑有很多种模式，包括存在模式及行动模式。了解这些模式，帮助我们指导的那些人，让他们更好地选择从哪一个模式开始运作，有助于提高绩效、生产力，增强韧性。

我们的习惯模式是行动模式。行动模式常常作为我们的"盟友"，帮助我们完成各种任务。但行动模式也可能成为我们的敌人。感到压力时，我们往往会过度使用行动模式。我们习惯性地无助地转向

这种模式，想要将自己从不想要的情绪中解放出来，而这往往会导致抑郁及焦虑。每当有"必须"、"不得已"、"应该"、"应当"或"需要"的感觉时，我们都可以怀疑，是否存在行动模式。

基于差异的监控器

在表 3-1 中，你将看到行动模式由基于差异的监控器触发。这是指我们会将"希望事情是什么样子"或"认为事情应该是什么样子"与实际情况进行比较。如果存在差异，我们就会产生想法及行动，试图缩小差距，并且不断监控我们的进展，进行相应的调整、分析及核查。这是我们的大脑随着时间的推移而进化的系统，可以帮助我们实现许多目标。然而，将这种方法应用于解决"困难"情绪等任务并不会提供帮助。津德尔·西格尔（Zindel Segal）

将这种问题应用称为"强迫行为"。我们最终可能会过度思考，进而导致精神及身体不适。

表 3-1　行为及存在模式的心态特征

行为模式	存在模式
自动反应	有意选择
思考及分析	感知
奋斗、受到驱使、目标导向、"为忙而忙"	接受、放任、放手
将思想视为真实有形	将思想视为心理事件
回避系统	趋近系统
进入过去和未来的心理"时间旅行"	留在当下
消耗活动	滋养活动
交感神经系统优势（战、逃、僵住）	副交感神经系统优势（休息及消化）
由基于差异的监视器触发	
"必须、不得已、应该、应当……"	

或趋或离

趋近系统，也被称为行为激活系统，与趋近行为有关，与奖励、动机及积极情绪（如希望）有关。

回避系统，也被称为行为抑制系统，与离开行为有关，与避免威胁、无聊及惩罚等事情有关。

在指导中，我们希望激活趋近系统。这样做的好处包括：

● 提高幸福感及韧性。

● 提升创造力。

● 更善于主动回应，而不是被动反应。

这意味着我们可以避免工作中不必要的冲突，并且更容易与他人建立联系。

通过将正念与同情心结合起来，通过我们使用的语言（开放、好奇、鼓舞人心）以及我们与所指

导的人建立联系的方式（值得信赖、热情、鼓励），我们可以激活有意指导中的方法系统。在不愉快的情绪的情况下，用正念去对待这些情绪，往往比拒绝或抑制这些情绪更有成效。因此，尽管这些情绪可能我们并不想要，但我们仍在参与方法系统。我们将在下一部分中对此进行更多探索。在那里我们将学习一些实践练习，来重新平衡我们的思维模式。

第二部分

实现

第四章
自我指导

在探索了指导、正念及同情心可能给职场带来的一些益处之后，我们现在来看看如何使用有意指导策略来促成你希望在自身、团队及组织中看到的改变。

有意指导是一种由内而外的实践，从内心旅程开始，我们通过以下方式建立自我意识，改变自身的习惯及存在方式：

- 找个指导。

- 开始自我指导。
- 学习如何练习正念，培养同情心。

与指导及正念老师一起练习

我建议你找一个私人指导，还有自己的正念老师（可以一对一练习，也可以在一个小组内练习，在小组内练习可能更具变革性）。

自我指导

自我指导是一种艺术，可以使用指导技巧来增强自己的能力。

领导力教练蕾切尔·埃里森（Rachel Ellison）

对自我指导进行了深入研究，她将其定义为："领导者有意做出决定，并有能力反思及对自己的指导提出问题——包括不想被问及的问题——以便迎接领导力挑战或通过愿景来思考……你可以称之为自言自语或自我对话。有意识的内心对话、自我授权或自我管理思想及感受的能力。"

在我们进行指导实践的过程中，你会得到很多理念，包括强大的问题、模型及练习，可以用来指导自己，可以给自己或他人使用。除了那些适用于我们与他人关系的原则及技能外，我们所关注的指导核心原则及技能也适用于自我指导。发展一种友善的方法有助于我们更善于随机应变。

试试这个

自我指导时刻（5分钟）

做这个练习，需要一个笔记本。

步骤1：想想你想解决的一些小问题。可能是一次你想改进的会议，也可能是同事之间的小纠纷。

步骤2：使用意识三角，进入练习的意向心态。

步骤3：问问自己以下问题，在每个问题之间进行一下反思。

● 什么样的结果算是令人愉快的结果？

● 当我做过类似的事情时，是什么起了作用？

● 我现在可以采取哪一步来努力实现这一结果？

步骤 4：把你的反思记在日记里。

在某个指导时刻，在正确的时间，问自己正确的问题——或者在我们按下暂停键、进入正念及反思时问自己一系列问题——可能会有非常强大的效果，就像作用在他人身上的效果一样。

第 五 章
夯实基础

在接下来的 3 章中，你将学习一些重要的操作方法。我们将从如何奠定指导关系的基础开始：

- 采纳有意指导心态。

- 符合道德、法律及专业准则。

- 建立协议。

🤝 采纳有意指导心态

作为有意指导理念的一部分支撑，要想努力采纳有意指导心态，可以采取许多态度。

正如你将看到的，这些态度相互关联，彼此交织，互相影响。我们应该记住，这些态度都很鼓舞人心，但这种激励不会一直体现出来。我们可以把它们想象成我们种下的种子，我们浇水，希望这些种子能长成一株株美丽强壮的植物，或者大树，这代表一种生存方式，为我们所做的一切提供滋养，包括我们如何领导及管理他人，我们的指导及正念练习以及我们可以造就的组织文化。

有意指导的核心态度

- 初学者思维（好奇心及开放性）。

- 成长心态。

- 不做评判。

- 放手 / 接纳。

- 信任。

- 耐心。

- 接受。

- 不强求。

- 感恩及感激。

- 慷慨、善良及同情。

- 勇敢面对困难。

- 真实正直。

🤝 初学者思维

如果我们能以新鲜的视角对待每一个时刻、每一种情况、每一个人——无论是在我们的正念练习、我们的指导对话、我们作为领导者的对话，还是我们的生活中——我们都会以全新的眼光看待周遭的一切。通过采纳初学者思维，我们就会更开放、更好奇，自由地摆脱包袱及成见。

🤝 成长心态

在指导工作中，我们致力于帮助自己及他人挖掘潜力，利用潜力，去成长，去发展，尽可能从"成长心态"开始练习。"成长心态"是卡罗尔·德

正念指导
COACH YOUR TEAM

韦克（Carol Dweck，斯坦福大学心理学教授）创造的一个术语，他相信具有成长心态的人可以进步，并且能够不断学习。挫折及挑战不是失败，而是不断成长及发展的机会。有时人们谈论"另一个学习机会"，常常令我哑然。成长和学习并非易事！勇气必不可少，同时，不要力求完美。

🤝 不做评判

对于正念及指导而言，这是一个非常重要的因素。但要做到完全不评判是不可能的。作为人类，我们沉浸在源源不断的判断、评估、形成想法的过程之中——这就是我们的思维方式。

我们都有"自卑、平等及优越情结"——我们通

078

过与他人的对比来衡量自己。

问题是，我们很容易被自己的观点及假设所禁锢。我们最终会对自己和他人的不同可能性视而不见。当我们发现很难对他人和自己表现出善意及同情时，是因为我们内心有个批评家在不断评判，让我们感到震耳欲聋。在职场，我们会匆忙地去判断他人，评判他人的观点和行为，认为他们在某种程度上是"错误的"，这时，我们就会扼杀创造力。

在正念中，我们得到鼓励，积极培养辨别力及理解力，不再喋喋不休，不再费力去分类、去评判。随着练习，正念确实会变得更容易。培养同情心及同理心也有帮助——如果我们真心"看清"对方，关心对方，我们就不太可能对他们做出负面评价。

🔵 放手 / 接纳

我们很容易执着于某些事物或想法。在指导中，我们去探索哪些事物或想法对我们仍然有效，哪些对我们不再有效，这样，我们就可以放弃那些对我们不再有效的事物或想法。

试试这个

放手（5分钟）

步骤 1：使用意识三角，进入练习的意向心态。

步骤 2：至少做 3 次有意深呼吸，每次呼气时，在心里对自己说"放手"，不仅要有一种呼吸离开身体的感觉，还要有一种身体上放开紧张及"负面"情绪的感觉。让它们"尘归尘，土归土"。

🤝 信任

在正念及指导中，我们都寻求培养信任感——对自己的信任感及对他人的信任感——我们每个人都是自己的最好管理者，我们拥有内在的智慧。我们要相信正念及指导的过程历经考验，值得信赖。在我们的人际关系中营造一种信任的氛围，可以培养心理安全，帮助我们敞开心扉，迎接变化及进步。

🤝 耐心

不耐烦会在我们的身体上表现出来，比如持续的肌肉紧张，也会在我们在他人面前展示自己的方式中显现出来——通过愤怒或者焦虑表现出来。我们错过了重要的细节，面临沟通中断及冲突的风险。在职场，耐心是一种重要的品质，尤其是在寻求变革文化的时候。下次再发现自己不耐烦时，试试下面的练习。

试试这个

应对不耐烦（5分钟）

目标：

● 建立自我意识，特别是关乎是什么让我们失去耐心以及这种情况是如何在我们的身体中表现出来的。

● 培养我们在"被触怒"时的自我管理能力。

● 创造机会，制定更有用的战略及信念。

步骤1：使用意识三角，进入练习的意向心态。

步骤 2：你在体感方面留意到了什么？不要去改变任何事情。

步骤 3：现在做腹式深呼吸，有意在吸气时扩大腹部这个区域。

步骤 4：问问自己，"有没有一段久久无法忘怀的往事对我的耐心没有帮助？"

🤝 接受

"一个人变成自己的时候，而不是努力成为别人的时候，就会发生改变。"

——阿诺德·贝瑟（Arnold Beisser），

精神病学家兼作家

第一次谈到"接受"这一概念时，这个概念可能很棘手。我们可能会想："如果我只想接受现状，我为什么还要去接受指导？我希望各种事情都有所改变！"这里要说的另一个词是"承认"事物。承认事物关乎认清到事物就是那个样子，事物并不总是我们希望的那样。但这并不意味着我们不能努力去改变事物。

如果我们观察事物的本来面目，我们就更有可能去运用智慧。有时有些事情我们真的无法改变，但我们可以改变我们自己与现实的关系。我们越来越清醒，就会明白，事已至此，越纠结只会越痛苦。

在格式塔（Gestalt）疗法及指导中，有一种观点认为接受之后才能改变。格式塔的改变理论基于一个明显矛盾的前提，即人们通过充分实现自我而改变自己，而不是试图让自己成为别人。

🤝 不强求

不强求与接受密切相关。不强求就是把我们在第一部分中看到的"受驱使的行为"抛之脑后。

在商业环境中，人们强调把事做好，无可厚非。对于投资回报，我们以产出来衡量，来展示。而作为领导者，人们以结果来衡量我们。

传统上讲，指导关注确定目标以及实现目标是否需要为之付出许多努力。但如今，指导越来越关注存在、行为、现在（或过去）及未来。

那些刚开始练习正念的人可能会担心，如果他们开始练习，他们可能会过于放松，注意力不集中，无法达到目标。然而，正念练习会滋养我们。所以，我们会有更多的精力去做更多的事情。练习正念能帮助我们提高生产力。

在当代职场，忙碌可以成为荣誉的勋章，如果取得了成就，我们就会感到自己很重要，很有用。但可以说，我们的待办事项清单越长，我们就越应该练习正念，我们就越应该选择脱离"存在模式"，这样我们就不会筋疲力尽。练习正念能让我们更多接触到我们真正关心的东西，我们也可以更好地区分轻重缓急。

但有些时候，我们会一直忙碌下去，这就可以免于正视自己——我们都有过挣扎的时候，这时我们会选择去做些事情，这样我们就不必去想了。这样做很好，只要我们不总选择这样去做。正如我们从无处不在的在场主义中看到的那样，我们的行为往往是为了给别人留下深刻印象，而我们并没有真正做到像我们看起来做的那么多。或者我们做的太多了，是因为在内心深处，我们害怕被抛弃。无论是哪种情况，我们都无法通过让自己精疲力竭来增强自我意识。

试试这个

专注存在（5分钟）

目标：

● 在日常生活中寻找沉入当下的机会。

步骤 1：使用意识三角，进入练习的意向心态。

步骤 2：在做某些事情的时候——比如洗漱或者读书时——继续做下去，但要寻求更多的活在当下的感觉，只专注于你正在做的那件事情。

> 步骤 3：尽量不要被思想带着走，让自己沉浸在每时每刻的经历中。存在就可以。

🤝 感恩及感激

蝴蝶不计岁月，只珍惜当下，故此光阴充裕。

——泰戈尔

感恩是积极心理学的另一个方面，得到了很多关注。积极关注我们所感激的事情有助于平衡我们专注消极思维模式这一倾向。

研究表明，培养感激之情及表达感激之情可以增强我们的幸福感，我们就不太可能感到沮丧。感激可以强化人际关系，因为感谢他人有助于我们建立关系、维持关系、加强联系、更有满足感。

我们都能想到"有毒文化"，无论是过去还是现在，在这些文化中，我们似乎从来没有得到过感谢或感激，但当我们做错一点点事情时，人们很快就会大发雷霆。是的，我们可以想到，有很多时候我们就是这样对待别人的。

在指导及领导方面，表露感激有助于建立信任，促进开放。我们总可以找到值得感激的东西。

试试这个

反思感激（5分钟）

步骤 1：使用意识三角，进入练习的意向心态。

步骤 2：反思以下内容。

- 你感激自己什么？

- 你的长处是什么？你的成就是什么？

- 你的优秀品质是什么？

- 你感激别人的什么（无论是工作中还是工作之外）？

- 你如何表达感激之情，包括对同事的感激之情？（你可以在组织中发起一项倡议，庆祝一下"员工答谢日"）

慷慨、善良及同情

"有所给予，有所收获。"

——厄瓜多尔谚语

慷慨、善良及同情是正念的核心，能够帮助我们，让我们不再对自己及他人如此苛刻。通过练习正念，我们往往会对自身及他人更加同情，我们也可以积极一点，寻求开发这种慷慨、善良及同情的方法。

🤝 勇敢面对困难

在这个飘忽不定、充满未知的世界，我们有时会感到困惑，感到恐惧。那些时刻非常痛苦——我不会轻易使用"痛苦"这个词。我们必须鼓起勇气，不管是单打独斗，还是抱团取暖。

坦诚相待，无论是对自己，还是对他人。鼓励他人承认这些感受，这是一种很健康的做法。

　　要想在正念练习及面对自身的指导中转向内在，需要耐心，需要勇气。

　　有时候，勇敢就是允许自己脆弱。研究教授布伦内·布朗（Brené Brown）是这种想法的著名拥护者，她认为脆弱是勇气的表现。她写道："我们是否愿意承认自己脆弱并与这种脆弱打交道，决定了我们有多大的勇气，有多明确的目标。我们保护自己不受伤害的程度是衡量我们恐惧及孤独的标准。"

🤝 真实正直

　　"巧言令色，鲜矣仁！"

——孔子

我们经常听到"真实"的领导力，商业教练也经常谈论帮助客户做"真实"的自己。有时会让人觉得"真实"这个词有些空洞，但它却是情商的关键。"真实"这个词关乎知道我们的价值观是什么，能否表达这些价值观，能否确保我们的各种行为与这些价值观保持一致。正直则表示遵守道德，值得信赖。

⬤ 有意指导的能力

有意指导建立在领先的专业指导机构制定的核心指导能力之上，这些指导机构包括国际教练联合会（International Coach Federation）、教练协会（Association for Coaching）及欧洲指导与辅导委员会（European Mentoring and Coaching

Council）。有意指导与其他指导风格的不同之处在于，它特别专注正念及同情，来促进并增强这些能力的发展。

表 5-1 总结了有意指导的核心能力。

表 5-1　有意指导的核心能力

建立正确的基础：
· 符合道德、法律及专业准则
· 确定指导协议及结果
共同创造正确的关系：
· 建立信任、心理安全及亲密关系
· 自我管理及坚持出席
有效沟通：
· 深度主动聆听
· 有力提问及利用沉默
· 直接沟通
促进学习及成果：
· 采取促进性、非指令性立场
· 鼓励问责制
· 增强意识及洞察力
· 设计策略及行动
· 保持前进势头及评估

🔵 符合道德、法律及专业准则

这一点包括:

● 理解并能够讲清楚指导与其他支持干预措施之间的差异。

● 有责任照顾他人,并在必要时向其他专业人员指出他们是否需要不同类型的支持(例如,向员工援助项目提出,或通知人力资源部)。

● 以明确的道德准则为指导。

🔵 建立协议

在正式专业职场指导中,通常要在被指导者、他们的经理及教练之间达成协议。

如果你正在规划一种更随意的指导风格，有时被称为"走廊指导（corridor coaching）"，则不需要在开始之前就正式达成一致协议，但即使是与某人进行一次性的一对一指导课程，达成合作协议也会有所帮助。

以下是在考虑或起草协议时需要探讨的一些问题。

我们希望如何合作？指导将包括哪些内容？指导方法是什么？（例如，可以进行一次对话或一系列对话来帮助你找到自己的答案。）有多少次课程？如果对方似乎需要治疗师等有资质的专业人士的支持该怎么办？如果这种关系不起作用，或者指导没有任何进展，该怎么办？

我们要做些什么？ 指导的首要目的或意图是什么？

在附录 1 中，你可以找到一些常见问题的答案，可以帮助你规划指导行动。

第六章

打造亲和

阿什里奇指导中心（Ashridge Centre for Coaching）主任埃里克·德哈恩表示，指导关系是"我们可以施加影响的唯一真正有效因素"。指导者及高管之间关系的强度及性质是成功取得指导成果的关键成功因素。

在本章中，你将学习：

如何开始与你所指导的人（你的"受指导者"）相处，共同建立指导关系。

- 沟通技巧：

    - 深度聆听。

    - 澄清及反思。

    - 有力提问。

    - 利用沉默。

    - 促进学习。

- 善用故事。

🤝 共同创造关系并经营关系

利用正念及同情可以为建立牢固的关系，促成融洽及信任提供非常大的帮助，从而为取得良好的指导成果创造合适的条件。要想建立信任，很大一部分在于能够倾听他人，表现出对他人的关爱及关心。认知行为干预研究表明,"同理性好奇"——以开放好奇的态度倾听被指导者,与其交往,提出正确的问题并建立融洽关系的能力——可以改善他们接受指导的结果。

如何与新学员建立融洽关系

每一次对话都从正念练习开始。这种正念力量非常强大,有助于建立深厚融洽的关系及同理心。

试试这个

通过正念建立练习(5分钟)

步骤1:使用意识三角,进入练习的意向心态。

步骤2:一旦你和学员在一起,就马上邀请他们加入你的正念练习,这样他们就不会感到不舒服,建议他们闭上眼睛或向下凝视,体会自己的脚踩在地板上的感觉，做 3 次有意识深呼吸，让呼出的气"随意放开"。

我强调要"邀请"，是因为不是每个人都会接受，但我发现大多数人都会接受，特别是如果我们认为这样更接地气，可以进行更高质量的对话时。

在我们的指导中，我们可能会体验到一种自然的融洽关系，因为我们觉得对方在长相、穿着、文化背景、说话方式、价值观等方面与我们都很相似。

有了这种融洽的关系，你和对方之间可能会在各个方面进行匹配或"效仿"，包括姿势、手势、呼吸、音量、语速及能量。这些都可能会发生，我们甚至都意识不到。

　　一项研究发现，没有被"效仿"（没有匹配迹象）的人皮质醇水平会升高。不效仿别人会让我们觉得自己被社会排斥，这对大多数人而言都会有压力。

　　在指导过程中，我们要积极地去感受指导过程，并与之合作，以增进融洽关系。运用正念技巧能够帮助我们更清楚地意识到自己意识领域中正在发生的事情，包括有声的语言及无声的肢体语言。

🌀 缺乏融洽关系的迹象

- 感觉对方不太热情、不太开放。

- 对方移开视线，坐立不安。

- 你感到不安、不舒服，或者有一种冷漠或者疏离的感觉。

- 当你坐直时，对方突然很颓然。

- 你说话很快，而他们说话很慢。

- 他们说话很轻声，但你说话很大声。

当你注意到以上任何一种情况时，你能做些什么呢？如果你注意到融洽的关系突然破裂，这可能是因为这个人在探索中遇到了什么事情。例如，他们可能会对某个问题感到不知所措。

通过分享你所注意到的事情来解决问题。你可以说："我注意到，谈论那个特定的项目时，你的精力似乎有所下降。你能说点什么吗？"

或者他们可能突然说话速度开始加快，听起来可能很激动时，你可以说："谈到与新团队合作时，你似乎更激动了。我想知道在这一点上发生了什么事?"

或者他们很兴奋,你可以反馈说:"你描述你对这个部门的愿景时,你看起来真的很有活力。"

如果真的没有任何默契,而且你似乎无法建立这种融洽的关系,就尽管说出来。你可以建议回顾一下你们之间的进展情况:"我们已经进行了几次指导谈话,我想知道大家认为进展如何?在我们之间什么有效果?什么效果不太好?"

听听他们说些什么,如果没有什么能让关系朝着融洽的方向发展,你可以总结一下,你已经结束了对他们的指导,并给他们提出建议,看看是不是可以和其他人合作。

你可以回顾一下指导协议,特别是你可以明确

表示，如果指导对你们任何一方都不起作用，退出
协议符合"无责条款"。

🔵 有效沟通

倾听

上一次有人真正倾听你说话是什么时候？不分
神，完全投入，不打断你，给你一种真正得到倾听
的感觉？如果是发生在最近，那你很幸运。

倾听有许多级别（见图6-1），尽管较低级别并
不算真正倾听。

1 打断	2 等着轮到我们	3 给予建议	4 专注倾听	5 积极倾听	6 深度倾听

图6-1 倾听级别带宽

第一级：打断。

第二级：等着轮到我们。工作文化的创始人卡罗尔·威尔逊（Carol Wilson）称之为"劫持"。我们很安静，但我们却是在等待机会来说出我们的想法，这样做通常是为了分享一个与他人所讲的不同的经历。我们都知道如果有人一直这样做是多么令人讨厌，但有可能我们自己这样做的比我们想象的还要频繁。

第三级：给予建议。这样做可能完全合适，但我们还是想先听听对方的意见，看看他们能想出什么结果。作为管理者及领导者，我们太急于给予建议（当然，这也是意料之中的事）。

第四级：专注倾听。这时候，我们展示出的行为表明我们在倾听。也许我们的头会歪向一边，我们会注视着讲话人，我们可能还会不时点点头。

第五级：积极倾听。这是指导级别的倾听。除了要听所说的话，我们还要听言外之意。听无声的语言，听直觉到的意思。这一切都与我们身边的人有关，而且能够让他们投入学习，增强意识。

第六级：深度倾听。在有意指导中，我们增加了另一个层次，即深度倾听。我们倾听我们的身体在告诉我们什么。

我们可能会有一个心结，我们不知道为什么——我们可能会利用别人正在经历的事情。我们利用同情心发展技巧，使我们能够倾听自己的内心在告诉我们什么。

积极倾听是一项艰苦的工作，深度倾听更是如此。这是我们能相互给彼此的最好的礼物之一。我们必须练习深度倾听——我们都有很多机会和周围的人一起练习。为什么不现在就开始练习呢？

试试这个

深度倾听（5分钟）

下次再遇到一个人，不要完全沉浸在你正在做的事情和下一步必须做的事情中，要有意地努力充分倾听。

目标：

● 完善深度倾听的艺术。

● 吸取更多信息，听听对方说了什么，没说什么。

● 增进与他人的联系。

● 增加对方得到倾听及理解的机会。

步骤1：使用意识三角，进入练习的意向心态。

步骤 2：稳坐在椅子上，或者站直，放松，看着他们的眼睛，看看你是否专注陪着他们，不想自己的日程，就是倾听。不要打断，不要提建议，只是深度倾听。随着实践，就会进入深度倾听的状态。

步骤 3：你可能非常了解他们，可以分享你刚刚所做的事情，而且感到非常自在，甚至可以询问他们你这样做所产生的影响。随着我们越来越多地做这样的练习，这种反馈非常有帮助。

🤝 澄清及反思

澄清或转述是一种在指导中经常使用的技巧，

目的是帮助对方感受得到倾听及理解。

下面是一个例子。

受指导者说："我很难在会议上开口说话，有时我可能想说些什么，但后来我觉得太紧张了。"

你说："听起来好像你很难自信起来。"

反思就意味着向对方重复他们的原话。这有助于核对你是否正确理解了他们所说的话，并推动他们继续。

下面是一个例子。

受指导者说："我不知道我的角色是否正确，尽管我爱这支团队，也爱我们正在努力实现的目标。"

你说："你觉得自己的角色不对吗？"

🤝 有力提问

不仅要倾听，提问也是指导的重要组成部分。我们应该始终努力让我们的问题简单、清晰、开放。开放式问题是那些不能用"是"或"否"回答的问题。这些问题往往以"什么"、"何时"、"如何"或"哪里"开始（建议避免用"为什么"提问，因为这个词会引发对方的防御）。

重要的是要遵循个人及问题的指引。你的职责是帮助他们找到他们需要的东西，而不是告诉他们需要什么。

以下是我们在指导中提出问题的一些原因：

- 帮助人们在陷入思维困境时继续前进。

- 提示以不同的方式解决某件事，获取隐藏的智慧。

- 帮助他人考虑大局。

- 确定可能的解决方案。

- 帮助阐明下一步行动。

以下是一些有用的问题，你可以尝试在指导中使用：

- 如果什么都没有改变，会发生什么？

- 什么挡住了你的去路？

- 在过去类似的情况下，什么对你有效？

- 如果你确实知道，你会怎么说？

- 还有谁受此影响？你系统中的其他人会怎

说？在这里，我们利用个人的体系。朋友会怎么说？同事呢？直接下属会怎么说？所有不同的利益相关者会怎么说？如果这个体系能够说话，那么它本身又怎么说呢？自然世界会怎么说？我们的孩子会怎么说？

● 你真正关心的是什么？人们最初所说的他们关心的事情并不一定是他们真正关心的事情。当对方在说话时自然停下来，你可以问："还有什么？"

● 还有什么？这个问题本身就保证了问题的时机。我们某些最好的想法是在我们嘴边想说的事情说完之后才产生的，我们嘴边想说的东西是我们早就知道的，或者是我们认为对方想听的东西。

● 那么还需要发生点什么？

● 你有什么想法？

- 你正在考虑哪些选择?

- 你的下一步行动是什么?

- 你怎么知道什么时候达到了目标?

以下是一个人陷入困境或需要启发时需要提出的一些问题。也许他们在描述情况的细节时陷入了困境，这时他们的精力很低下。挑选与特定对话及探索相关的问题。

- 奇迹问题。想象一下，你今晚睡着了，一夜之间奇迹发生了。当你醒来的时候，事情恰好就是你希望的那个样子。那么事情会是什么样子? 你会看到什么? 听到什么? 感觉到什么?

- 在4岁到12岁之间，你最喜欢的活动是什么，

在哪些活动中你会忘了时间？

● 什么能给你带来快乐？你小时候是什么给你带来快乐的？

● 在过去，当你经历深刻洞察时，周围是什么情况？与现在的情况相比，你能从当时的情况中学到什么？

● 你的内心告诉你什么？

● 你的身体告诉你什么？

● 你感激什么？

● 你生活中的哪些经历对你有用？

● 哪些经历对你没有用？

● 你想创造哪些新经历？

● 你想被问及什么问题？

● 你不想被问及什么问题？

- 哪些问题不会消失？

- 谁会激励你？你想成为什么样的人？

- 5年之后，你认为自己会发展成什么样？你需要采取哪些步骤才能达到这一点？

- 你希望如何被人记住？

想象一下，现在是你90岁的生日聚会，每个人都在——亲人、同事、以前的竞争对手……他们会说起你什么？

特别是在有意指导中，信任这一过程很重要，让各方尽可能进入一种专注的状态，看看会出现什么状况。不要太纠结于去问完美的问题，也不要担心对方没有什么要回应的。最好的问题是那些从深入倾听中自然产生的问题，以及那些与特定结果无关的问题。

◉ 沉默之声

花点时间，保持沉默，可以带来非常大的滋养，给我们提供很多资源。我们可以把沉默与简短的正念练习结合起来。

我们常常急于填补沉默，进而破坏人们提出自己的答案及见解的机会。当我们指导的人保持沉默时，他们可能正在形成最好的想法。他们的肢体语言会给我们线索——向远处看或向一侧昂起头都表明他们正在深入思考。为了避免尴尬，我们可以告诉人们，或者示意他们，我们会给他们思考的时间。

建立促进型风格

一般而言，我们应该在指导中直接有效地沟通，我们需要使用适当的尊重性语言。我们需要与我们所指导的人明确指导的目标、技巧或练习的目的，在提供任何反馈时，尽可能举例说明。关键是要建立一种促进型风格。

询问，不要告知

作为管理者及领导者，人们会期待我们发号施令。但正如我们早些时候看到的那样，领导者已经发生了明显的转变，可以在不同的风格之间灵活变通。

采用一种促进性的、非指令性的风格，鼓励他人，赋予他人权力去独立思考，自我指导。很多时候，当你觉得自己有正确答案、最佳答案时，不说出来就会很痛苦，但你必须忍住。

有时，提供建议可能很重要或非常必要，但我们应该非常谨慎，而且只能作为一种提议或建议，并且要获取许可。我们可能会说："有些事情对我来说可能有用，也可能对你没有用。我可以和你分享一下吗？"

不过，请记住，如果你是某个人的老板，任何建议都可能会被视为命令。

如图 6-2 所示，考虑一个频谱，一个介于指令及非指令之间的滑动比例可能会很有帮助。作为一名领导者或管理者，你要根据需要前后滑动，并且在指导时通常保持在右侧的非指令／自我指导空间。

指令性	非指令性／自我指导
我知道 ←	你知道
我有解决方案 ←	你有解决方案
我来告知你，你按我说的去做 ←	你自己选择怎么做

图 6-2　指令 – 非指令频谱

🤝 重新规划

重新规划是创造意识的一个沟通工具，重新规划就是从不同的角度看待当前情况，改变所赋予的含义。我们来探索一下。

重新规划有助于人们：

● 摆脱困局，从不同的角度看待问题，获取清晰认知，解决问题。

● 通过制定战略来提高韧性，例如，将负面情况视为学习及成长的机会。

试着在你的指导中使用其中的一些问题来促进重新规划。

- 关注这件事是正确的做法吗？

- 是问题本身还是你如何看待问题？

- 有什么不同的看待方式？同事或朋友会怎么说？

- 我们如何将重点从"你"转移到"他人"，从"过去"转移到"未来"，从"受害心态"转移到"掌控局面"，从"消极"转移到"积极"，从"被动"转移到"主动"，从"不可能"转移到"可能"？

- 这种情况可能带来哪些学习机会？

在有意指导中，我们不仅鼓励通过传统方法进行重新规划，如质疑假设及探索对话中的盲点，还要通过正念进行重新规划，包括无声冥想练习。

可以通过改变我们与思想的关系来实现重新规

划。在正念冥想练习中，我们越注意到自己的想法，就越会意识到，我们很容易被一系列的想法冲昏头脑，而且这些想法是自我产生的，不是我们在驾驭思想——想法会自己突然出现。我们意识到我们不必去认同每一个想法，这些想法也不需要去定义我们是谁。我们并不等同于我们的思想。通过在"我们"与我们的思想之间创造更多的距离，我们可以获得更多选择，可以选择是否投入这些想法，是否继续顺着这些思路去思考。

试试这个

思想正念（5分钟）

目标：

● 变得更具自我意识。

● 逐渐意识到思想并不是事实。

● 获取选择权，可以选择投入哪些想法。

步骤 1：使用意识三角，进入练习的意向心态。

步骤 2：调整自己，融入周围的声音。体会声音来来去去的感觉，就像经历事件一样，有开始，有过程，有结束。想象一下，就像你是一台调到特定电台的收音机，只需接收声音，而无须做任何事情，包括不需要解读声音。

步骤 3：把你的注意力转移到你的思想上。就像你对声音所做的那样，想象你在观察或接收这些想法。就像声音一样，想法也会来来往往。有一个常见的比喻，那就是思想就像片片云朵一样飘过天空。如果你发现自己卷入了一连串想法，不要担心，只要注意到发生了什么，轻轻地把注意力放回这些想法上即可。

🤝 善用故事

关注语言也很重要——文字有它的力量。改变我们所使用的语言可以帮助我们重新定义我们的处境。有一种方法可以做到这一点，那就是看看我们给自己和别人所讲的故事。

近年来，我们比以往任何时候都更多地看到了故事的力量，不管是出于善意还是出于恶意，只要看看假新闻在社会环境中的传播就知道了。故事可能非常具有破坏性，但也可能非常具有治愈力——正如荣格学派分析师和诗人克拉利萨·埃斯蒂斯（Clarissa Estés）所描述的那样，故事是一种"药物"。

在创新型日本互联网公司奥兹幻想（Ozvision），每天早上有 6 名员工聚集在他们的团队中，参加一个名为"好或新"的会议。员工轮流分享一些东西，分享的东西不一定与工作相关。他们还参与另一个讲故事的练习，这个练习旨在培养感恩之心。每位员工每年可以额外休息一天，这天称为"感谢日"，每位员工可以获得 200 美元用于感谢某个特别的人。条件是，他们必须稍后与同事分享他们的故事，说说他们怎样表达的感谢，结果如何。

在指导中，我们可以通过多种方式利用讲故事的力量。

试试这个

生活线练习（30分钟）

目标：

● 确定：

- 我们生活与职业、信仰及行为中的模式及主题。

- 需要进一步发展、需要更多优势与激情的领域。

- 过去行之有效的解决方案及技术。

步骤1：使用意识三角，进入练习的意向心态。

步骤2：邀请他人反思在此之前自己的生活或职业，并绘制自己的"生活线"或"职业线"，标记好重要时刻，包括"高潮"及"低谷"。

步骤3：利用指导对话来探索出现了什么问题。

以下是生活线练习中需要探讨的一些问题。

● 你生活经历中常见的主题和模式是什么？

● 在你的生活中谁很重要，为什么？

● 你在生活或工作中最有意义的时刻是什么时刻，为什么？

● 这些会告诉你什么，来指导你的回应及反响？

● 有些事情行之有效，有些不那么好，你能从中学到什么？

● 你对自己的长处及短处有什么样的了解？

● 关于我们是谁以及我们为什么要做我们所做的事情，我们经常告诉自己哪些故事？

● 这些故事仍然可以为我们所用，还是我们需要新的故事？如果是，这些故事是什么？

以下是一些关于故事的其他常见问题：

- 你最喜欢的童年故事是什么？

- 你会被哪些角色吸引或排斥？

- 你发现自己在工作中表现出他们的任何品质

了吗？这样做对你周围的人意味着什么？

第七章
促学促成

职场指导都是为了促进学习及取得成果。如果没有发生这种情况，那就不是有效的指导。我们已经研究了一些促进学习的方法。在本章中，我们将重点讨论如何通过以下方式促进学习，取得成果。

- 目标设定。

- 记录进度。

- 接近障碍物。

我们将从一个工具开始，该工具可以增强意识，帮助受指导者以一种专注、富有同情心的方式学习。

FELT 模型

FELT 模型是我开发的一个模型，用于自我指导、单独指导、对话，或团队 / 小组指导和会议，以便进行认真探索。

- 某个特定问题或事宜。
- 你感觉到存在但尚未释放的情绪，或者你及他人意识到的为难情绪。
- 身体必须告诉我们什么，包括压力管理和幸福感，或者一段关系中发生了什么。

● 新的心态、存在方式、愿景或战略可能会是什么样。

● 当解决问题不起作用时（通过促进直接体验，可以获得不同类型的认知）。

FELT 模型包含了正念的许多关键组成部分，包括：

● 关注当下。

● 有意控制（有意将注意力集中在选定的对象上，留意我们的注意力何时转移，将其带回并培养保持注意力的能力）。

● 好奇心及探寻心态。

● 善良和同情（对自己和他人）。

● 不作评判。

- 接受。

- 放手 / 接纳。

你可以选择以线性的方式在模型中移动，也可以停留在模型的一个或两个部分内——花一整块时间去探索，或者练习放手、接纳。

该模型的力量在于，它帮助我们保持专注的探究、直接体验存在模式，而且不会陷入过度思考。如果你发现你的大脑在走神、解读，你可以温和地引导自己重新去注意身体的感觉。

试试这个

FELT 模型

如果你是在为自己做这件事，你可能想要记

录下自己"阅读全文"的情况,这样你就不必反复回头看了。

(1)接受引导,完成整个过程,不需要大声回应。可以之后再汇报情况。

(2)在引导他们完成整个过程时做出回应。

步骤1:使用意识三角,进入练习的意向心态。为了帮助你保持专注,闭上眼睛或向下凝视。体会脚踩在地板上的感觉,把注意力放在你的呼吸上,注意到你呼吸时出现的任何身体感觉。

步骤2:设定意图。除了选择话题,设定好奇与开放的意图,搁置任何假设及解释的诱惑,尽可能对自己友善、富有同情心。

暂停。

步骤 3：探索主题。探索围绕主题出现的内容（随着你继续练习，这些内容可能会发生变化）。记得带着自我同情与善良，保持好奇心，不作评判。只需对发生的事情持开放心态。

暂停。

我现在要问你一些潜在的促进性问题，以帮助你继续用心探索。把时间花在吸引你的每个问题上，忽略那些没有共鸣的问题。

如果你正在带领一名被指导者完成练习，请解释一下，这些问题是你邀请他来回答的，而且，要确保在每个问题之间都停顿一下。

● 想要引起注意的是什么？

● 你注意到任何身体的感觉了吗？如果是，在哪个部位？这些体感是静态的还是不断变化的？

● 出现的感觉有名字吗？

● 这种感觉像一种或多种颜色？

● 这种感觉像一个或多个形状？

● 出现的感觉有什么要求吗？它想要什么，或者需要什么？

● 你的身体里有没有某种智慧在告诉你一些你不知道的事情？

● 有什么感觉吗？无论产生什么感觉，都要和它平起平坐，不要去抓住它，也不要转身离开它。如果发现有什么感觉有点棘手，就"轻轻地抱住"它，温柔地"拥抱"它，不作评判，保持同情，充满善意，给这种感觉留有空间。

我们在与"接受"过招。我们可能会给它贴上任何标签，从而创造一些距离。

如果在任何时候你发现探索过于激烈，如果呼吸对你来说可以当作一个锚，或者产生身体感觉，那么就回归到呼吸上来。

步骤4：放手、接纳。现在，探索是否发生了什么你想放手的事情，比如不能再让你受益的事情。

暂停。

现在，探索是否有什么事情在等着被搁置在一边，被放任，保持现状，至少目前要这样。

暂停。

最后，考虑一下是否有什么你想接纳的。也许有一个新的信念，或者一个"咒语"——一个总结你的见解或新行为的短语。

步骤5：改变。现在，坐在那里，注意到你

的身体、思想及感受在发生什么变化。是什么样的智慧（如果有的话）正在逐渐为你所知？有什么（如果有的话）需要或想要改变的？

这可能会涉及去积极改变一些东西、一种行为或一种心态，甚至一种价值观，但所有这些都来自智慧、同情，与"不知"同在，来自不同于信息形式知识的"所知"。这一步可能需要时间来体现探索中出现的转变。准备好以后，睁开眼睛。

现在，花点时间在你的日记中记下任何见解，并思考下一步的行动及目标，如果需要的话。

（或者，你可以向你的商业教练汇报。）

🔵 正念步行

"我想，我的腿开始移动的那一刻，我的思想就开始流动。"

——亨利·大卫·梭罗

将指导与步行结合起来会非常有效。我们走路时，心脏跳得更快，将更多的血液及氧气运送到我们的所有器官，包括大脑，会增强记忆力及注意力。我们可以按照自己的节奏漫步，将正在发生的事情与我们的情绪及内心要说的话相互匹配。我们的注意力可以自由徘徊，因为我们可能没必要太注意走路这一行为，我们可能会进入一种有助于创新及洞察的精神状态。步行可以让思想自由流动，在步行

时及刚刚步行后都能激发创造力。

并不是每个人都喜欢坐在那里冥想，如果你也不喜欢的话，你可能会喜欢带着正念走动一下。我们可以带着正念做任何运动——跑步、游泳、跳舞及步行等。正念步行有助于自我支持或他人指导。你可以做着正念步行去参加指导对话或去参加任何其他会议。

试试这个

正念步行（10分钟）

目标：

● 引入一种几乎可以在任何地方进行的正念练习。

● 以身体为锚，将你带入当下。

● 运动是一种进入正念的方式，而有些人则更喜欢稳坐不动。

步骤1：使用意识三角，进入练习的意向心态。

步骤2：密切关注步行这一日常行为，留意与你迈出的每一步相关的动作，留意你抬起每只脚然后放下时身体的感觉，留意脚、脚踝、腿、背部及肩膀的感觉。如果你慢慢做，就会更容易留意这些感觉，但不用必须这样去做。试试每走一步都协调一下你的呼吸。

位置

除了简单地正念行走，看看还会发生什么，我们还可以创造性地利用背景及环境。以下是一些建议，可以尝试一下这些事情，这有助于增强意识，激发新的思维及不同的视角。随身携带一个笔记本，让你及你指导的任何人都可以在里面记录下发生的事情。

试试这个

位置指导

步骤1：选择你的位置及场景。

步骤2：使用意识三角，进入练习的意向心态。

步骤3：探索你的意识三角。你的身体感觉如何？你的脚是如何与地板接触的？

然后，正常呼吸，但吸气及呼气时，你要留意你身体里发生了什么——你的腹部起伏。你的身体在告诉你什么吗？你留意到哪种感觉（如果有的话）？如果你留意到了的话，你在哪里留意到身体里的那些感觉？你的想法是什么？你产生什么特别的想法了吗？

步骤4：正念步行。开始带着正念四处走动。在这个阶段，正如上面的正念步行练习所概述的那样，你要专注于步行本身。

步骤5：正念探索。现在，有了选好的主题，考虑一下你的环境。你在四处走动时，留意你会被什么所吸引。是什么让你感到寒冷？是什么让你反感、愤怒、恼火？你在探索时，你的意识三角中出现了什么？你的内心在告诉你什么？继续用心探索：你还注意到了什么？

准备好以后，在你的笔记本上记录下留意到的内容。你留意到任何模式了吗？对你选好的主题有什么见解吗？

步骤6：可选的"有力问题"。如果喜欢的话，你可以试着回答我之前提出的一些问题。

🤝 大自然

置身于大自然可以促进创造性地解决问题，这是因为接触大自然会激发积极的情绪，同时也因为如果这样做，我们在要求高度注意的技术上花费的时间就能有所减少。

在大自然中度过时光可以成为我们自我关照规则的一部分。一项针对抑郁症患者的研究发现，与在城市环境中步行的人相比，在大自然中步行的人的情绪及记忆力得到了更多改善。一般而言，运动都能改善情绪，但"绿色运动"似乎尤其有助于减少焦虑。有心理健康问题的人发现，在大自然中运动可以显著提高自尊及情绪水平。走进大自然可以减轻压力和焦虑，促进情感思考、提高明晰度，让人更加安心，还可以维护积极的家庭关系，有助于恢复心理健康。

🤝 城市指导

尽管在城市环境中度日可能会让人筋疲力尽，因为有太多的东西需要接受与协商，而在大自然中，我们的大脑可以轻松地从一种感官体验转移到另一种感官体验。但有时从职场进入城市环境是最容易的，而且城市环境也可以给我们提供一些东西。

三星、英国癌症研究所（Cancer Research UK）和谷歌（荷兰）（Google Netherlands）等越来越多的组织派遣员工走上街头，参加全球社交企业街头智慧（Street Wisdom）举办的活动。创始人戴维·珀尔（David Pearl）认为自己的使命是让"任何人都能在任何地方从日常环境中获得异乎寻常的灵感"，获得"进入他们周围的'无形大学'的技能，给个人问题或与工作相关的问题找到新答案"。如果我们带着好奇心来对待城市生活，我们确实可以增进幸福感，激发新思维。当然，城市生活通常是在工作中离我们最近的。诀窍是用新的眼光来对待它，用我之前概述的正念品质，包括好奇心、开放性及感激心理，并用上面概述的特定过程来进行练习。

基于文化的指导

以指导的视角去参观一下美术馆，不仅很有趣，而且可以激发新思维及新视角。比如你选择了一个绘画展览。看看你和（或）其他人被哪幅画所吸引。真正去留意是什么把你吸引到了那幅画上。留意是什么在吸引你的注意力。那些引起"负面"情绪的因素呢？这些反应会告诉你什么？

你也可以利用其他艺术来做到这一点——包括涂鸦。

你不一定非要去参加活动——你可利用小说、诗歌、电影等进行练习。留意哪些词，哪些角色对你来说很突出，他们在告诉你什么。智慧无处不在。

试试这个

未来自我练习（15 分钟）

目标：

● 利用希望及乐观。

● 接近内在智慧。

● 确定下一步行动。

你可以选择通读文本，也许可以自己记录。你可以自己练习，也可以和你的团队一起练习。

步骤 1：使用意识三角，进入练习的意向心态。

步骤 2：你的意识三角中现在发生了什么，在身体、感觉、思想方面？

步骤 3：把你的思想投向未来，10 到 15 年之后。你想成为什么样的人？如何成为那样的人？你可能需要向前走 10 到 15 步。然后，迈出迈向未来的步伐之后，做一些有意呼吸，调整自己，进入未来自我的状态。

问自己一些问题，例如：

- 我在哪里？

- 我能看到、尝到、闻到、听到、摸到什么？

- 我现在是谁？

- 我最喜欢做的事情都是什么？

- 常规的一天是什么样？

- 我的价值观是什么？

- 我有什么感觉？

- 我希望我的未来与早期的我分享什么建议、精辟见解等？

步骤4：然后，回过头来看看你开始的地方。当你回首往事时，需要采取什么措施才能从那里来到这里？有什么见解吗？你的身体及心灵在告诉你什么？

步骤5：现在，后退10到15步，展望未来，再次调整状态面向未来。你还留意到了什么？

步骤6：最后，花点时间在日记中记录下你的想法。

试试这个

多视角正念（30分钟）

我开发这个方法是为了能够通过多个视角来探索一个问题。

目标：

● 使用一系列视角。

● 获取内在智慧及直觉。

● 确定下一步行动。

我们可以在纸上做。或者我们也可以在房间里四处走动，对每个视角采取不同的立场——这样做真的很有效。

步骤1：使用意识三角，进入练习的意向心态。

步骤2：设定你的意图，选择你的事宜进行练习。

步骤3：从容地依次浏览以下各个视角。在每一个阶段，留意你会遇到什么普遍问题以及与你的事宜有关的问题。

视角1：当下。没有过度思考，没有起初的想法和印象。

视角2：身体智慧。体感及源自你身体的信息。

视角3：单点聚焦。缩小你的焦点，就好像

你把聚光灯直接照射在那个事宜上一样。

视角 4：更广泛关注。采用"直升机视角"，想象你在放松眼睛，发掘你的周边视觉，但头脑仍然考虑到你的事宜。

观点 5：同情。如果我们愿意，可以把手放在胸膛上，问问我们的内心对这个事宜有什么看法。

视角 6："非选择意识"。非选择意识意味着不再选择去专注于任何特定的事情，而是对发生的任何事情保持开放。

步骤 4：在日志中记录任何见解。

试试这个

以艺术为基础的指导（10 分钟）

这很容易练习，无论是自己练习，或与他人

一起练习。你需要一些纸和笔。

目标：

- "摆脱困境"。

- 享受乐趣。

- 获取内在智慧及直觉。

步骤1：使用意识三角，进入练习的意向心态。

步骤2：设定你的练习意图。

步骤3：不要想太多，画出任何出现的东西。

步骤4：讨论并确定下一步行动。

正念系统排列

下面的练习借鉴了系统排列领域的实践，包括伯特·海灵格（Bert Hellinger）在家庭系统排列中的实践。根据国际系统排列协会的说法，系统排列是"一种方法、一种途径、一种治疗方法、一系列见解、应用哲学、人际关系研究、一种应用于许多学科的有用工具、一种感知世界的方式"。

在商业中，排列通常被领导者及管理者用来检查紧迫的问题，揭示个人关系中习惯的系统模式或隐藏的动态。

关键概念包括：

● 整体大于各部分的总和——一个团队或组织不仅是几个人的总和。

● 系统中的所有元素都是相互依存的——改变一个元素会影响所有其他元素。

试试这个

排列练习（20~30 分钟）

在这个系统性的调查练习中，你可以确定系统中有哪些人及元素以及他们代表什么、要求什么、提供什么等。

目标：

● 帮助你做出关于整个公司或整个团队的决策。

● 发现方法来解决团队成员之间的冲突。

版本 1：使用物件。

步骤 1：收集多个物件。不管它们是什么，各种各样的钢笔及铅笔等都可以。

步骤 2：设定你的意图。

步骤 3：使用意识三角，进入练习的意向心态。

步骤 4：在一个水平表面上，列出各种物件，来表示它们需要代表的东西或人。不要从布局的角度考虑太多——看看自然会出现什么。

步骤 5：接下来，正念探索你所看到的和所了解到的。看看物件之间的距离、它们之间的关系、你整个排列所占据的空间。这些物件在告诉你什么？他们在表达什么需求吗？也许是你没有意识到的需求？

步骤 6：你的思想、感受及身体在告诉你什么？

步骤 7：闭上眼睛，做几次正念呼吸。

步骤 8：睁开眼睛，再看一眼排列。模式是什么？你需要听从什么？有什么需要改变的吗？更好的位置可能是什么样？需要采取哪些行动？

版本 2：绘制。

> 按照与上面相同的步骤操作。但是，这次不是使用物件，而是绘制排列。

🌀 制定行动和策略

谈到设计行动，目标设定及规划是一个关键领域。我们在每次指导中都会设定目标，做出规划。这有助于鼓励担起责任，保持前进的势头，利于评价。

在传统指导中，目标设定至关重要。目标设定是最常见的指导框架模型之一 GROW 模型的第一阶段，该模型由商业指导的先驱之一，约翰·惠特默（John Whitmore）推广。

🤝 GROW 框架

多年来，GROW 模型一直被成功地用作非正式指导式对话和更正式的指导课程的框架，用于自我指导、个人和团队（小组）指导或团队会议。它简单易用，尤其是对那些刚开始接触指导的人来说。

- 目标设定：针对特定的指导谈话或课程以及短期和长期指导。

- 现实：探索现状。

- 备选方案和替代战略或行动方案。

- 要做什么？何时？由谁做以及凭什么意愿去做？

EXACT 框架

我指导的领导者发现，由"工作中的文化"创始人卡罗尔·威尔逊（Carol Wilson）开发的 EXACT 框架作为一个目标设定框架很有用，可以确定与个人价值观及表现风格一致的目标，而不是由议程或他人的压力决定。

- 明确（简洁、专一）。

- 令人振奋（积极架构、鼓舞人心）。

- 可以评估（可以衡量）。

- 充满挑战（有延展性）。

- 以时间为框架（最好在 3 到 6 个月内）。

虽然目标设定在指导中很有用，但在有意指导中，由于多种原因，没有这种附加条件。一个原因是，在这个不可预测的复杂时代，通常不可能从一开始就清楚地知道我们的结局。另一个原因是，当我们进行一系列指导对话，甚至在第一次聊天时，目标往往会自然而然地发生变化，新的信息及智慧就会相继涌现。最后一个原因是，当我们接受正念原则时，我们会意识到过于执着一个目标实际上会阻碍富有成效的突发进程。

构建及探索我们的主要目的或意图是什么会更有帮助，这就是我们在下文的"四眼"模型中所要做的事情。

试试这个

"四眼"模型（20分钟）

目标：

● 当感觉专注特定目标（至少在现阶段）并不容易、没有价值或没有帮助时，提供一个替代框架来探索及确定下一步行动。

● 为事物的出现留出大量空间，同时避免迂回曲折，保证仍能取得明显进展。

步骤1：使用意识三角，进入练习的意向心态。

步骤2：意图。

- 你想探索什么？进行这次谈话的首要目的是什么？

步骤3：想法：头脑风暴。

- 你产生了哪些想法？

步骤 4：灵感。

- 以下哪一项真正激励了你？

步骤 5：启动。

- 要开始，你需要做什么？你想如何做？你
能去哪里看？你能问谁？

揭示并处理偏见及评判

正如我们所知，我们很自然地会去评判他人，我们都在不知不觉中持有偏见。

许多研究人员强调了正念在解决及挑战职场无意识的偏见方面很有潜力。练习正念有助于我们变得更加清醒，培养对自己及他人的同情有助于让我

们更加宽容这种无意识的偏见。下面的模型适用于揭示偏见。

试试这个

"光环与号角"模型（30 分钟）

"光环与号角"模型由领导力教练伊夫·特纳（Eve Turner）开发，不仅在指导、监督及做导师方面，而且在管理及领导力方面，都不失为一种简单而强大的系统反思工具。"光环与号角"（见表 7-1）指的是特纳在英国广播公司担任领导者时研究的一种效应。这个短语表明，例如，在选拔和招聘面试中，我们对候选人做出快速判断（可能是由于无意识偏见及反移情作用），然后寻找支持我们最初观点的信息。我们的快速判

断可能与外表、某人的声音、他们令我们想起的
人等有关，不一定可以作为有效预测因素来预测
表现。

表7-1 "光环与号角"模型

1. 委托人（姓名首字母缩写）		
2. 光环？号角？还是不确定？（组织会以同样的方式看待他们吗？）		
3. 家长？成年人？还是孩子？我如何看待他们以及我与他们交往时如何看待这段关系中的自己	我	
	他们	
4. 家长？成年人？还是孩子：在与客户或团队成员的练习课程中，我作为指导或团队领导者的比例	实际 %	
	理想状态 %	
5. 戏剧三角：客户或我是否曾进入这个三角，成为救援者、迫害者或受害者（与我们或其他人一起）？	我	
	他们	

续表

6.简要描述——我的身体感受、我们练习过的图形、隐喻、神奇生物、历史人物、跳舞等	
7.新出现的主题	

来源：©伊夫·特纳联合会（Eve Turner Associates），2019年。

目标：

● 如果我们只考虑单个元素或个人，我们可能会错过发现模式和主题。

● 允许对无意识偏见及其他无益的动态进行更深入的探索。

● 确定我们何时会被某些人"触发"，导致我们不那么足智多谋。

● 关注我们忽视或误判的员工，无意地去应用"光环与号角"。

● 在我们如何应对、反应及互动方面提供更多选择。

步骤1：使用意识三角，进入练习的意向心态。

步骤2：使用表7-1回想你指导、领导或管理的人。完成每一行。其次，"光环、号角或不确定"，指的是当我们在到脑海中想起某个人时，我们是把他们说成"好（光环）"、"坏（号角）"或者"不确定是好还是坏"。

需要考虑的问题：

- 我们被谁所吸引？

- 我们被谁所激怒？

- 我们的本能反应是什么？

- 是什么让我们更容易与某些人合作或指导他们？

- 我们可以从这些反思中学到什么，来帮助我
们成为更好的领导者、管理者及指导者？

步骤 3：捕捉新出现的模式上的任何其他反
射。然后你可以和其他人一起探索这些模式，但
要确保你们没有确定任何模式！

然而，意识到偏见的存在并不总是会导致行为
的改变。那么，你或你所指导的学员能做些什么呢？
反馈可能是一个很有用的工具。

获取独立反馈：这一反馈可能来自同事，也可
能来自你授权在工作中"跟踪"你的外部指导，他
们可以帮助你在指导课程中发现偏见。跟踪指导非
常有用，因为教练不是同一个系统的一部分（除非
他们是内部指导），所以他们可能比同事更容易发现

真实状况。可以通过独立的、专业的、360 度的反馈访谈来补充跟踪指导的效果。

确保团队中的其他人也能得到反馈：如果你在辅导对话中向他们提供反馈，请记住要感激、感恩、乐于接受。

🤝 在指导中建立对关系动态的认识

了解指导关系中可能出现的某些治疗现象、动态及过程非常有用。包括：

理想化。理想化就是指有人会把对方放在基座上，认为他们拥有比自己更非凡的品质。在指导中，这种做法可能会导致被指导者过度依赖。如果发生这种情况，让他们知道你认为他们夸大了你有多棒，要让他们去探索他们自己的优势及良好品质。

投射。投射就是我们把自己尚未接受的部分投射到别人身上。一个常见的例子是，当被指导者对自己的表现感到焦虑时，就会引发内心的批评。他们并没有处理好自己的这一方面问题，而是投射到你身上，将你视为一个关键的权威人物，并可能变得愤怒或沮丧。如果发生这种情况，利用你的正念练习。避免指责或防御心态。不要被他们无意识地邀请你去做的事情所吸引。让他们注意到你是如何体会他们的，要温柔，不要有威胁性。

竞争性。人们的不安全感可能表现为他们与你竞争，想反过来做你的指导。

并行过程。这是一种动态，当对方向你投射他们觉得无法忍受的一些方面时，你会无意识地接受这些方面，并认同这些方面。一个例子是，当你指导的人因必须在截止日期前完成任务而感到压力时，你就会内化这种压力，匆忙进行指导对话，语速快，不留反思的空间。

或者你可能会发现有一种反移情——你向你指导的人投射自己情感体验的各个方面。

🔵 事务分析

事务分析（TA）是一个探索关系动态的框架，为你的指导提供信息，并与你指导的人一起探索。

事务分析由埃里克·伯恩（Eric Berne）在20世纪50年代开发，确定了3种自我状态：家长、孩子及成年人。伯恩的假说认为，在人生的早期，人们会围绕自己的信仰形成一个"剧本",这个剧本会关乎自己是谁,世界是什么样的,自己如何与世界产生关联,而世界又如何与他们产生联系,还有他人如何对待自己。我们所玩的这场"游戏"是无意识地与世界、环境及他人的行为互动。我们越是能意识到自己的这种消极游戏,就越有能力选择不去参与这些游戏,并且还可以改变"剧本"。指导的理想方式是让各方以成年人对成年人的方式相互接触。

美国心理医生斯蒂芬·卡普曼(Stephen Karpman)在他基于事务分的戏剧三角中,确定了我们在人际关系中扮演的心理游戏中的3个角色:救援者、受害者及迫害者。

救援者关心受害者的困境,但并不承认自己的脆弱性或承担自我责任,而是去寻求营救他们认为脆弱的人。他们接管了受害者的思考及解决方案，忽视了受害者评估需要什么、采取行动以及在需要时寻求帮助的能力。救援者最终往往会感到怨恨，认为他们是受害者，尽管其他人可能会认为他们是迫害者。

受害者意识到自己正在遭受痛苦，但他们认为自己无能为力，没有使用清晰的思考问题或解决问题的技能。如果他们感到被救援者辜负或迫害，他们就会采取"迫害者"的立场，尽管他们仍然会体验到自己是受害者。

迫害者没有意识到自己的力量，所以他们忽略了这种力量。他们所使用的力量是负面力量，而且往往具有破坏性。这个角色与其他位置一样，"游戏"中的任何"玩家"都可能扮演这个角色，同时内心感知却大不相同。如果迫害者知道他们在做什么，那么他们实际上并不是在做游戏，而是在使用一种策略。

当我们贬低或未能意识到某个问题时，我们就可能是上述三者中的任何一个。指导督导学院（Coaching Supervision Academy）联合创始人米里亚姆·奥利司（Miriam Orriss）表示，补救措施是为了：

● 让救援者对自己负责，运用他们的力量联系，并承认他们的脆弱性。

● 让受害者承认自己的脆弱性，对自己负责，认识到自己拥有力量，并适当使用这种力量。

● 让迫害者拥有自己的力量，而不是害怕这种力量，或者偷偷摸摸地使用这种力量。

请记住，尽管我们可能认识到自己大多处在某一个角色上，但我们都会转换。例如，迫害者可能会对自己的行为感到内疚，所以他们就会成为救援者。

小心那些被我们指导或与我们合作的人扮演受害者的角色，并试图"引诱"我们帮助他们。如果我们不参与，他们会找其他人来玩这个"游戏"，或者作为迫害者去尝试另一个游戏——也许会对你的指导或领导技能说一些负面的话。

🔵 胜利者三角

阿西·乔伊（Acey Choy）设计了一个替代三角，这个三角具有更为健康的动态。在他的胜利者三角中：

- 受害者扮演弱势群体角色，在遭受痛苦或有可能遭受痛苦的同时，他们能够掌握成年人解决问题的技能，并意识到要体会他们自己的感受，以此作为必要变化的数据来源。在解决问题的过程中，他们可能会寻求支持。

关键技能：解决问题。

● 救援者成为与前者不同的关爱角色，因为他们尊重他人的能力，除非接到要求或他们自己愿意，否则他们不会接管他人的能力。他们利用自己的能力调整意识，来监控自己的需求和感受，从而决定是否愿意提供帮助以及以何种身份提供帮助。否则，他们可以毫无愧疚地拒绝。

关键技能：倾听。

● 迫害者成为一个独断的角色，他们仍然希望自己的需求得到满足，但与前者不同，他们没有兴趣将自己的精力用在惩罚上，他们也不会从自己可能造成的任何痛苦中寻求快乐。

关键技能：谈判。

现在，让我们拓宽一下焦点，从指导个人扩大到指导团队。

第八章
指导团队

　　我们乐于相信独行侠之类的神话，坚持那种浪漫的想法，认为伟大的事情通常是由一个了不起的人独自完成的。尽管有相反的证据——包括米开朗琪罗与16人合作绘制西斯廷教堂（Sistine Chapel）这一事实——我们仍然往往会从伟人的角度来看待成就，而不是从伟大的群体的角度来看待成就。

　　　　　　　　　　　——沃伦·本尼斯（Warren Bennis），

　　　　　　　　　　　　　　　　　　领导力专家

何时指导团队

我建议，对于整个团队复杂且深入的工作，你可以聘请专业的团队教练。更好的做法是，让两名团队教练参与进来——两人更容易为团队占据"安全空间"，并管理和掌握动态。

即便如此，领导者和管理者也会越来越多地参与团队辅导，而且效果也越来越好。

有待探讨的团队指导问题

你如何从整体角度去支持团队？你可以用哪些问题来支持团队？作为团队教练，你的工作可能包括在以下部分或全部领域帮助团队，谢菲尔德哈勒

姆大学（University of Sheffield Hallam）和牛津大学（University of Oxford）的客座指导教授戴维·克拉特巴克（David Clutterbuck）认为这些工作至关重要。

● 发现团队的身份。

● 明确团队想要实现的目标以及其原因。

● 接受团队不能或不应该做的事情，并了解其实现目标的潜力。

● 了解其关键流程，包括如何做出决策以及团队成员如何有效沟通。

● 获得创造力及创新能力。

● 增强集体韧性，包括改善集体情绪健康及管理以及缓和对成功及挫折的反应。

● 监控自身进度。

此外，你可能会支持团队去应对挑战，比如领导力教练及多产作家彼得·霍金斯（Peter Hawkins）提出的如下挑战，他认为这些挑战反映了更广泛的全球范围挑战。

● 管理所有不同利益相关者的期望，特别是考虑到作为领导者或管理者，你会觉得自己是这些冲突需求的交汇点。

● 参与这些不同利益相关者的努力投入。

● 管理人员、团队、职能部门和不同利益相关者需求之间的相互联系、接口和各种关系中出现的挑战。

● 提高团队处理系统性冲突的能力。

- 在一个相互联系越来越紧密的世界里，在一个更加矩阵化的组织里，学会适应对团队成员忠诚度的多重要求。

- 考虑到世界正变得越来越复杂，越来越相互关联，寻找退避及反思大局的空间。

- 管理虚拟工作增长的影响，例如建立及维护信任的能力。

让我们来探索一些提高团队效率及适应能力的方法。

奠定基础

要从基础开始，这一点很重要。你需要运用核心能力，调整核心能力，以便适应团队指导需求。要确保符合前面概述的道德、法律及专业准则。

🤝 共同创建协议

要想指导团队，需要建立一个与团队共同创建并达成一致的协议，确保所有团队成员了解整体指导的目的及期望的结果，了解任何一次性的指导练习。

🤝 有意指导心态

在我们如何与团队合作方面，除了让自己树立核心态度外，还要鼓励其他人也这样做。向他们解释这些态度，并鼓励他们体现这些态度。

试试这个

探索核心态度（20分钟）

步骤1：把每个态度都写或画在一张卡片上。

步骤2：将你的团队分成两人或多人一组。邀请他们探讨这些态度（一种或几种态度，这要取决于团队成员的数量）对他们个人及团队意味着什么。提出以下问题：

- 他们可以如何将这些态度融入团队及职场？

- 他们是否认为还有其他缺失但很必要的态度？

- 引入这些态度可能有什么好处？

步骤3：将团队视为一个整体来进行探索。

共同创造正确的关系

这里有许多元素与单独指导时涉及的元素相同。

在场

如果我们练习过与个人一起发展，保持在场，那么我们同样可以在团队中让其发挥巨大作用。我们需要灵活，也许更灵活，并且能够享受当下。我们需要触及并且信任我们的直觉与内在智慧，并且自在地去面对未知及实验。我们需要树立榜样，体现这些态度及能力。

如果我们也能使用幽默，会很有帮助——幽默是一个好工具，可以让人们参与进来，创造能量转换。

🤝 亲和

与单独指导相比，与小组或团队建立并保持融洽关系及兴趣可能更具挑战性，因为还有更多的事情要做。请注意是否有如下现象：

- 感觉整个团队或某些人缺乏热情，不太开放。

- 有人目光移开，坐立不安。

- 你自己感到不安、不舒服或与团队很疏离。

- 房间里能量下降——这在整个团队指导中比单独指导更明显。

就像你在单独指导时一样，如果你发现缺乏亲和，可以大声说出来。就像你在指导个人时可能会

做的那样，如果你已经与团队合作了一段时间，但事情没有进展，问问团队发生了什么。无论如何，你应该不时回顾一下。建议回顾一下，并询问他们：

- 什么对我们有效？

- 什么不太有效？

● 建立信任及互相尊重

在与团队合作时，建立信任及互相尊重同样重要。我们早些时候就听说过，建立心理安全及信任是团队成功的关键。

以下是谷歌行业负责人保罗·桑塔加塔（Paul Santagata）为提高心理安全而采取的措施。

● 以合作者而非对手的身份处理冲突，寻求互利的结果。

● 面对面交流，提醒团队即使谈判有争议，对方也希望愉快地离开。

● 预测反应并计划应对措施。

● 用好奇心代替责备。

● 询问演讲的反馈。

● 测量心理安全。谷歌的一些团队会问这样的问题："如果你承认错误或犯了错误，你有多大信心不会受到批评或报复？"

培养同情心及善意

我们早些时候看到了发展伙伴关系的一些关键

益处，这些益处包括为加深有利的关系创造肥沃的土壤。以下是一些练习，可以帮助你为自己及他人做到这一点。

以同情为中心的想象练习（10分钟）

这个练习改编自保罗·吉尔伯特开发的一个练习，用于以同情为中心的治疗。

目标

● 感受我们如何引导对自身的同情，提供一种温和的方式，并建立我们的能力。

步骤1：使用意识三角，进入练习的意向心态。

步骤2：反思一个富有同情心的人（想象中或现实中的）的理想品质或特质是什么。脑海中浮现出一个与你最初的同情品质理想相一致的物体、形象、人（想象中或现实中的）。问问自己：

-还显示了哪些核心的同情心品质（例如，关爱承诺、智慧、力量）？

-你能看到什么？听到什么？感受到什么？

你或你指导的学员在面对挑战时可以借鉴这一形象，反思这一形象会对你说什么，以及在这种情况下他们会如何行动。你可以逐渐开始练习体现这些形象所具有的同情心。

试试这个

自我同情小练习（5分钟）

自我同情有三个核心组成部分：正念、共同人性及善良。一旦你掌握了以同情为中心的意象，并且你觉得有能力并愿意尝试将同情引导到内心，就可以尝试这个由同情专家克里斯廷·内夫（Kristin Neff）开发的小练习。我与领先的客户分享这一点，将其作为一种方式，让当下有用的应用中的 3 个组件焕发生命力。

目标：

● 在当下进行自我同情的"口袋"练习。

● 培养自我安慰及自我同情的能力。

● 培养韧性。

步骤 1：让你的大脑进入一个轻度紧张的场景。

步骤 2：对自己说，"这是一个痛苦的时刻"（在这里，我们呼唤正念，说出这个正念是什么，不管它是什么，都要去关注它）。随便找点对你个人有用的语言，例如"这实际上很难"。

步骤3：对自己说："痛苦是生活的一部分。"（在这里，我们呼吁共同人性，即大家都痛苦，并不是只有我痛苦）

步骤4：问问自己："此刻我可以善待自己吗？"（这关乎善良）试着把手放在心上，想象一下你会对朋友说什么。也许你会说："我支持你。"

步骤5：现在放下练习，注意自己的感受，就让自己放松一段时间，做回自己。

试试这个

仁爱冥想（5分钟）

敞开心扉除了促进幸福感及相互联系，还能让我们接触到我们可能想不到的东西。

目标：

增强韧性、同理心及自我同情。

● 推动积极的行为改变。

● 重写内心脚本。

● 让我们内心的批评者安静下来，更专注当下，更深入地倾听你所指导的人，创造一个环境来改善指导结果，并支持更多的转型工作。

仁爱冥想有多种形式。下面是一种形式。

步骤1：使用意识三角，进入练习的意向心态。

步骤2：对自己说："愿我平安……愿我善待自己……愿我从痛苦中解脱出来……愿我接受自己的样子。"

步骤3：想想你爱或喜欢的人，想象着对他们说："愿你平安……愿你善待自己……愿你从痛苦中解脱出来……愿你接受自己的样子。"

步骤4：选择一个无论如何都不会引起强烈感情的人——一个"中立"的人——想象着对他说："愿你平安……愿你善待自己……愿你从痛苦中解脱出来……愿你接受自己的样子。"

步骤5：现在，想象你觉得有点难对付（但不算太难）的人，再想象着对他们说："愿你平安……愿你善待自己……愿你从痛苦中解脱出来……愿你接受自己的样子。"把他们想象成一个小孩子，考虑一下，就像所有人一样，他们也想要快乐，这样想象会有所帮助。

步骤6：最后，想象一下你工作的地方的人，甚至整个国家或全世界的每个人，并对他们说："愿你平安……愿你善待自己……愿你从痛苦中解脱出来……愿你接受自己的样子。"

步骤 7：结束练习，留意你意识三角中发生的事情，你觉得有用的地方，就做一下笔记。

🤝 管理关系动态并避免陷阱

我们之前看了一些关系动态的例子。你可能会在团队中看到很多这样的动态关系。你可能会发现以下一些场景会逐渐展开。

● 一个或多个团队成员将你理想化，将你奉为偶像，以牺牲自己的优势及优秀品质为代价高估你的优势及优秀品质。尽管这可能很有启发性，但要克制住沉溺于赞美的冲动，要把别人所能提供的东西标记出来。

- 一个或多个团队成员向你展示自己的各个方面。

- 人们会变得具竞争性。他们可能会与你或其他团队成员竞争。也许团队中的一名成员会尝试成为另一位领导者。

- 并行过程。一个或多个团队成员可能会对流程或项目表现出沮丧或愤怒，你可能会发现你接受了这一点，而且没有意识到这并不是因为你。

在各个团队中，我们会看到很多"游戏"正在进行（用行动分析的术语来讲），团队成员因扮演不同的角色而有所转变。

要注意潜在的关系动态及人们（包括你）正在

玩的"游戏",这将有助于避免沉迷于玩别人的"游戏",你就更能发现,别人可能也同样在这样做。这样,你就可以提高自己及团队的效率。

你可以使用我之前分享的"光环与号角"模型来帮助你:

● 明确你对团队成员的隐性偏见及评判,这样你就可以解决这些问题,变得更为足智多谋。

● 对待团队成员更加平等,并去更加留意那些被你忽视或误判的人。

● 揭示团队的模式及主题,明确你何时会被某些人"触发",导致你不那么机敏理智。

🤝 当心金丝雀

有时，一个人的行为就像煤矿坑里的金丝雀[1]——表明系统中出现了问题。要确保你不会让他们成为替罪羊。询问团队他们的情况。同样，你可能会注意到能量有所增加，并可能对此感到好奇——这可能表明你可以为一个团队做更多的事情，比如提出一些鼓舞人心的想法或下一步的行动方向。

🤝 促进型风格

在团队指导中，使用促进型风格与单独指导一

---

[1] 在矿坑中用金丝雀作为空气质量的预警，如果金丝雀死了，则说明矿坑中的空气不健康。——编者注

样重要，甚至更重要。记住，原则就是：要去询问，不要去告知。

试试这个

团队辅导时刻（5分钟）

在团队会议上，当你探索挑战及可能的解决方案时，可以不时加入指导。

目标：

● 鼓励并赋予团队成员独立思考的能力。

● 嵌入合作的指导风格。

邀请团队成员两人一组，互相提问，不用担心回答是对是错：

● 以前有什么对你有效的东西也可以在这里使用吗？

● 你认为可能的解决方案是什么？

💙 沟通技巧

你可以将这些沟通技巧用于指导团队：

深度倾听

通过以下方式鼓励团队成员积极倾听：

● 建议在团队会议中将手机调成静音模式。

● 解释不同的倾听标准，并邀请团队成员尝试更深入、更积极地去倾听。

● 引导团队成员进行正念练习，使他们能够更加投入当下。

试试这个

团队深度倾听练习（10分钟）

做这个练习，你需要一个记事本。

目标：

● 完善深度聆听的艺术。

● 接触更多信息，这些信息关乎大家在说什么，没有说什么。

● 增进与他人的联系。

● 增加人们得到倾听及理解的机会。

步骤1：解释练习及其目标。让团队分成2组，每组2人（如果人数为奇数，可以3个人一组，其中1个人观察并反馈他注意到的内容）。

步骤2：带领团队进行一次简短的正念练习。使用意识三角。

步骤 3：团队成员决定谁来倾听（做倾听者）谁来讲述（做讲述者）。

第一轮（3 分钟）：

倾听者说话时没有被打断，而讲述者踏实地坐在椅子上，放松地注视着倾听者的眼睛，看看他是否能保持纯粹专注在场的状态，没有自己的议程，就是倾听。没有打断，没有建议，就是调动所有的感官，深度倾听。

第二轮（3 分钟）：

两人互换角色，重复练习。

步骤 4：两人，然后是整个团队，汇报情况。注意到了什么？有什么观察结果可以记下来吗？

☖ 澄清及反思

重复或转述你听到的团队成员所说的话，这可以帮助他们感到得到了倾听和理解。要确保将所有人都包括在内。

☖ 强有力的提问及使用沉默

向团队提出正确的问题——简单、清晰、开放、鼓舞人心——可以非常有力地做到：

- 如果团队成员或整个团队陷入困境，可以鼓励团队成员继续提问。
- 激励团队。

● 揭示处理问题的新方法，发掘创新解决方案及下一步行动。

● 顾全大局。

使用沉默——包括在正念练习中——来帮助团队成员在不被打断的情况下思考，恢复精力。

构建团队指导干预措施并设计行动

在这里你将学到：

● 如何在团队中有效地设定目标。

● 如何构建团队指导干预措施。

🤝 目标设定

● 你可以使用前面分享的任何模型来为整个团队的指导练习或会议设定目标及进行规划，也可以将模型作为会议的一部分。

以下是一些有效设定团队目标的技巧：

● 与团队共同创建并商定目标及结果，这样一来，团队就具备了主人翁意识。

● 建立彼此间的责任感，朝着目标及结果努力。

● 记住不要紧紧抓住目标，尤其是在这个模棱两可、不可预测的时代。

● 无心静坐，且待事情浮出水面。

- 让多个视角显露出来，让多个声音得到倾听。

- 表达感激之情。

- 庆祝所取得的任何成就。

组织团队指导活动及会议

以下框架可以用于构建团队指导活动或会议，该框架受到了彼得·霍金斯的 CID–CLEAR 模型启发。

霍金斯最初创建了 CLEAR 模型，作为框架来指导干预，该模型概述了发展的 5 个阶段：

第一阶段：协议。

第二阶段：倾听。

第三阶段：探索。

第四阶段：行动。

第五阶段：回顾。

然后，他在自己的框架中又增加了 3 个阶段，专门用于团队指导。这些阶段（CID）代表了关于团队指导的初步探索：

第六阶段：协议。

第七阶段：询问。

第八阶段：诊断。

由此，CID-CLEAR 便出现了。

使用 CID-CLEAR 模型练习

与其他诸如 GROW 模型或 FELT 模型一样，使用 CID-CLEAR 模型进行练习的流程并非总是线性的。用你的直觉和判断来决定是否值得在一个阶段

花费比平时更多的时间。

试试这个

CID-CLEAR 模型

步骤1：进入正念。带领团队进行一次简短的正念练习。使用意识三角。

步骤2：协议一下。探索为什么需要指导。有许多潜在的参与者可能会参与这样的探索——团队领导者及团队成员、团队教练（可能是外部教练，或者是由领导者作为教练）及他们的老板。

步骤3：询问一下，团队里发生了什么？这通常可能包括探索团队是什么样的团队，可能包括与团队成员举行半结构化会议，向所有关键利

益相关者发送团队 360 度反馈工具，并与最关键
的利益相关者交谈，收集绩效及运作数据，以及
要团队成员完成问卷调查。

步骤 4：诊断（及设计）。这包括分析所有
数据，以便明确团队指导的重点，开始规划可能
的指导历程。

完成最初的探索后，你可以继续使用 CID-
CLEAR 模型（也可以使用 CLEAR 模型进行单独
辅导）。

步骤 5：进入正念。带领团队进行一次简短
的正念练习。使用意识三角。

步骤 6：加入进来，彼此协商。询问一下你
的团队：我们今天过得怎么样？我们今天需要实
现什么？成功会是什么样子？我们如何共同努力

实现成功？现在是分享调查和初步诊断要点的时候了。然后共同设计并商定指导的目标、流程及计划。

步骤7：倾听。倾听新情况及新挑战、不同的观点、希望及恐惧（你可以引入一个简短的正念练习，让参与者比其他情况下留意更多，或者使用多视角模型，以获得更丰富的视角）。

不仅要关注正在讨论和报道的内容，还要关注行为模式、表达的情绪（包括通过非语言交流），以及话语和表达方式背后的假设、心态及动机。

正念转变：运用正念技巧来深度倾听——与团队其他成员明确这一点，邀请他们在会议开始时与你一起进行简短的正念练习。你在深入倾听的时候，要留意内心发生了什么，来获取更多的数据。然后，用正念及善意来回放你的想法。

步骤8：探索及实验。集思广益，找出可能需要进一步发展的所有要素（或专注于一两个具体问题）。我们今天可以用什么做实验？

在团队指导中，你在当下所做的事情显然取决于调查结果及目标。

步骤9：行动。希望已经产生了大量的能量及见解。诀窍是将这些能量及见解转化为下一步行动。我们可以采取哪些行动及新举措？什么时候，在谁的支持下去做？我们现在能做什么？

正念转变：结合前面介绍的FELT模型——我们想保留什么？我们想放弃什么？我们想接纳哪些新的思维方式或存在方式或行为方式或做事

方式？成功会是什么样子？在最后一个阶段，你可能也想带领团队完成FELT模型的探索部分，让他们了解一下会有什么样的不同，并留意到他们的感受、思考，观察身体感觉，以及他们的感官告诉了他们什么，他们能看到或听到什么。以这种方式探索有助于嵌入变化。

步骤10：回顾。我们将如何跟踪了解进展或缺乏进展？什么运转良好？我们还能把什么做得更好？大家的要点是什么？你在实现期望的团队改进方面进展如何？

引入一些感激之情，邀请团队成员分享其他人的贡献及带来的东西。当然，你自己也要这样做。

🤝 接触新视角

你可以使用我在前文分享的所有练习来帮助你的团队提出新的观点及想法，促进创新能力的提升。以下是团队的一些调整以及一些新的练习，以激励你和他人。

🤝 放手

从放手开始是一个很好的做法。作为一个团队，我们可能会沉湎于我们一贯的做事方式，很难放弃旧的并引入新的做事方式。

试着邀请团队成员完成之前概述的步骤，练习放下之前的事情。

试试这个

为你的团队引入多个考虑视角（30~40分钟）

你需要一个大房间来做这个练习。

目标：

● 帮助摆脱旧的做事方式及旧有观念。

● 开放接纳新的解决方案。

步骤1：共同确定你们想要调查的主题。

步骤2：确定一个人来指导这个流程（引导者）。

步骤3：进入正念，带领团队进行一次简短的正念练习。使用意识三角。

步骤4：引导者依次带领其他人完成每个视角阶段，每个阶段，邀请人们在房间里移动到不同位置。

步骤 5：在完成所有视角后，请参与者坐下来，留出几分钟时间让他们记下他们注意到的内容及任何见解。

步骤 6：轮流分享从每个视角得出的结果（有些视角可能没有任何提示，这样也没有问题）。每个人说话时，其他人只需深度倾听。

步骤 7：确定下一步行动。

试试这个

为你的团队引入正念系统观念

系统观念练习在团队指导方面效果也良好，但前提是在场的人对所询问的内容一无所知。房间里需要有足够的空间。

步骤1：确定一个人来指导流程（询问者）。

步骤2：进入正念，带领团队进行一次简短的正念练习。使用意识三角。

步骤3：询问者选择一个人代表与询问相关的特定元素，要选择对问题或元素一无所知的人。在探索关系动态时，要对保密性保持敏感，这很重要。

步骤4：询问者将人们转移到最能代表他内心形象的位置及地点。

步骤5：代表们畅所欲言，说出他们的所察所感。他们可能会被吸引，移动到其他地方，在这种情况下，他们应该会这样做。

步骤6：出现了哪些模式？需要改变什么？需要采取哪些行动？

试试这个

格里格森（Gregersen）头脑风暴过程

（10~12 分钟）

这个练习需要一个计时器。

哈尔·格里格森（Hal Gregersen）是创新领导力专家，也是麻省理工学院领导力中心的执行主任及麻省理工斯隆管理学院的高级讲师，他是催化性问题的热心倡导者。他的三步"井喷式问题"方法建议围绕一个特定的挑战或机会进行头脑风暴式的提问（而不是回答），持续 4 分钟，目的是让团队产生 15~20 个问题。下面我们也加入正念。

目标：

● 检查其他有利位置，以获得新的解决方案。

● 获取内心的直觉与智慧。

步骤 1：进入正念：带领团队进行一次简短的正念练习。使用意识三角。

步骤 2：将团队的注意力集中在他们的意识三角上 2 分钟。

步骤 3：选择一个你非常关心的挑战，来搭建舞台。邀请一些人来帮助你从新的角度考虑这一挑战。理想情况下，选择那些对这个问题没有直接经验且世界观与你截然不同的人。在 2 分钟或更短的时间内，与你的搭档分享你的问题。

步骤 4：就问题进行头脑风暴。设置一个计时器，在接下来的 4 分钟里集体提出尽可能多的关于这一挑战的问题。遵循两条关键规则：(1) 不要回答任何问题；(2) 不要解释你为什么要问这些问题。

在 4 分钟内回答至少 15 个问题。把所有的问题像听到的那样逐字逐句地写下来。

步骤 5：研究这些问题，并从问题列表中选择一些具有催化作用的问题。保证追求至少一条你领悟到的新道路。

获取更多的数据及智慧：也要从你的身体和感受中获取数据，这是此阶段探索的一个部分。

你的身体与心灵告诉你什么？

🌐 团队的未来自我或未来团队练习

带领团队完成未来自我练习可能很有趣，也能

赋予他们力量去发挥自己的潜力与智慧。你也可以
邀请他们探索如何看待未来团队，使用相同的流
程，但还要邀请他们去探索理想的未来团队是什么
样子。

利用适合团队的故事来练习

在团队指导中，利用讲故事的力量，鼓励团队
成员确认：

● 作为团队成员，作为整个团队，他们在给自
己讲述哪些故事。

● 作为一个团队，哪些故事更有效、更鼓舞人心。

🤝 为你的团队提供基于艺术的指导

为团队成员选择一个主题进行说明，例如团队或组织的愿景、团队成员或团队相对于他人的角色、团队或组织目的等。

如果你和团队一起做这件事，提醒他们这不是为了画得漂亮。让团队成员结成对子，讨论他们所画的画。

🤝 转换位置

把你的团队带到一个新的地点，甚至是带到街道上，带领他们完成地点指导、城市指导及文化指导过程，从而改变现状。你可以给他们设定一个探

索特定问题的任务。对你的团队成员来说，这会很有趣味、充满活力，也可以帮助他们获得不同的视角。

💠 适合你的团队的 FELT 模型

FELT 模型可用于团队或小组指导及聚会，以认真探索以下内容：

- 具体问题。
- 你感觉到在团队中受到抑制的情绪。
- 团队成员身体发出智慧信号。
- 新的心态、存在方式、愿景或战略。

按照前面概述的 FELT 模型的步骤进行，但如果你与团队或小组合作，请默默地带领他们完成整个过程。这种方法可以与一大群人一起使用，以探索他们对变革举措的感受、对新战略的见解，或对未来的愿景等，在这种情况下，你可以为询问设定主题。

建立团队韧性

另一种缓和及建立关系的方法是培养团队正念，这样做也可以带来其他益处，包括创造心理安全。

在职场，集体正念远不止是个人正念的总和。根据克兰菲尔德大学（Cranfield University）和就业研究所（Institute of Employment Studies）的研究，基于集体正念的干预措施还可以：

● 为变革做好组织准备。

● 支持创新或颠覆性的工作方式。

● 提高应对世界日益复杂环境的应变能力和适应性。

就业研究所和克兰菲尔德大学于 2019 年发表了进一步研究报告，借鉴了英国国防部门的研究，探讨了正念在团队环境中的益处，就业研究所和克兰菲尔德大学接受委托，研究正念是否可以用于战略利益。我是该研究团队的一员，任就业研究所的助理。这是一个引人入胜的项目。

案例分析

英国军方

英国国防部门认识到，到 2040 年，工作、工人及战争的世界将发生巨大变革。在此之前，变革的速度可能会有所加快，从事国防工作的个人及团队需要有韧性、敏捷，以学习为导向，并持续"做好变革准备"。

在这一认识的推动下，作为国防科学技术实验室"通过人的战略优势 2040"项目的一部分，就业研究所和克兰菲尔德大学的一个研究小组接受委托调查正念是否可以用来获得战略利益，以及如何利用正念来获得战略利益。

该团队检查并比较了不同类型的基于正念的心理健康训练——个人正念冥想训练计划及新设

计的团队正念训练计划——以确定在提高应变能力、认知能力和团队合作方面的效力。

团队培训方案鼓励参与者的行为，包括鼓励参与者：

● 关注他们周围每天发生的变化。

● 持续关注彼此，以便在有人开始艰难挣扎时其他人可以介入（以提高组织韧性）。

● 质疑集体假设。

这两个方案都提升了参与者的个人状态及韧性。

英国皇家空军的一名飞行中尉说："正念能够帮助我们解决人员留用、增进心理健康及幸福感、塑造更大的韧性及解决道德纪律问题。一举多得。此外，还可以让团队更多样化，运作更有效力。"

然而，团队计划除了明显更受欢迎之外，还带来了更广泛的战略效益，例如：

- 改进了团队沟通。

- 提高了团队工作技能。

- 建设性地处理了矛盾冲突。

参与者在确定团队状态具有挑战性的前提下，会建议应用在训练中学习的以个人或团队为中心的正念技巧，团队的其他成员将遵循他们的指示，从而使团队运作更有效力。

达特茅斯英国皇家海军学院（British Royal Naval College in Dartmouth）的一名军官学员说："小组中的一名成员发现我们彼此之间变得爱争论，且态度都非常傲慢，于是我们决定一起做一些呼吸练习。这个练习让我们都平静了很多，所以我们可以更有效率地开始去想该做什么。"

该研究的关键信息包括，个人正念冥想只是增强正念的一种方法。由于冥想本身具有自助的含义，在军队中，奉献、服务及自我牺牲是重要的价值观，冥想本身可能不那么普遍吸引众人。该研究建议军队将正念视为一项团队活动，培养团队文化，鼓励每个人持续关注他人的需求及反应，尤其是在面对压力时，并为应对挑战及复杂威胁创造合作的集体解决方案。

🤝 培养一支专注且富有同情心的团队

目标是增进：

- 联系及融洽关系。

- 应变能力及为变革做好准备。

- 不可预测时代的灵活性及适应性。

- 专注和清晰。

- 情商。

以下有一些策略，可以帮助你培养一个专注且富有同情心的团队，并带来上述益处。

- 将正念及同情作为团队语言的一部分。请一位受过培训的正念老师，教团队如何以个人成员身份及团队成员身份保持正念及同情心。

- 将压力视为集体挑战。当围绕任务的冲突有升级为关系冲突的风险时，鼓励团队成员系统地预测及集体适应，并制定协议、惯例或常规流程，留意并讨论他们在压力下的行为及需求可能会如何变化。鼓励团队成员更为频繁地相互联系，并在成员遇到困难时留意学员。（你／我们需要什么？我们如何相互支持？我们如何才能更加专注并富有同情心？）建立一个常规或有规律的流程，让人们能够参与进来。

● 帮助团队练习用建设性的方式解决小的、连续的、更重要的冲突。

● 建立一种以人际信任及相互尊重为基础的团队文化，要独立于级别、背景或经验，任何人都可以在适当的时候向权力说真话。

● 向团队介绍核心的有意指导态度。

小贴士：把每个态度写在一张卡片上，让不同的人或小组讨论其中的一种或几种态度，然后在团队中进行讨论。（你如何将这些态度融入你的工作中？可能有什么好处？）

● 开始团队会议，并在长时间的会议上穿插简短的正念练习——呼吸意识或正念步行（建议团队成员短暂正念步行休息，以便他们精神抖擞地回来继续）。

● 在户外开会，或者建议在户外休息，以提高创造性解决问题的能力及清晰度，并改善情绪。

● 将意识三角介绍给你的团队，将其作为一种常规练习，帮助成员感受得到倾听的感觉，接触更多数据。作为团队指导练习或团队会议的一部分，询问团队的想法、情绪及身体感觉。

● 特别关注同情心的发展，带领团队成员完成之前分享的以同情心为中心的形象练习和自我同情休息。

● 带领团队进行感激反思。（团队成员彼此感激什么？你感激他们什么？）

● 如果已经建立了融洽的关系，试着带领团队完成 FELT 模型练习。

● 邀请他们探索如何管理能量和增强能量，例如参考下文"团队营养及消耗练习"。

试试这个

团队营养及消耗练习

在稍后概述如何围绕心理健康问题指导人们

的这个部分，我会分享团队营养及消耗练习。你可以首先确定在团队成员的生活中，以及在团队活动和任务中，是什么消耗了他们，是什么给了他们能量，来帮助他们变得更有弹性，然后为团队成员调整这项练习。邀请团队成员回答以下问题：

- 是什么消耗了他们？

- 是什么赋予他们能量？

- 是否可以做出一些有益的改变，如在任务分配、时间管理、获得额外培训或职业进修、委派授权等方面的改变？

- 他们如何相互支持并相互负责？

第九章
创建有意指导文化

为什么我们总是回到同一个旧池塘里游泳，尽管这个池塘很脏，就因为这个池塘是"我们的"？

——越南谚语

继续以某种方式做事很容易，因为事情以前一直都是这样做的。改变文化需要意图、投入、时间及耐心。现在，让我们来看看如何将"有意指导"渗透到团队之外，渗透到组织的结构及文化之中。

以下是我们将在本章中探讨的内容：

● 我们所说的有意指导文化是什么意思？这种文化的标志是什么？

● 如何将指导、正念及同情融入组织的文化？

🌀 我们所说的指导文化是什么意思

专业机构欧洲辅导及指导委员会（European Mentoring and Coaching Council）的联合创始人戴维·麦金森（David Megginson）和戴维·克拉特巴克将指导文化描述为："指导是一种主要的管理及合作方式，在这种方式之中，包含着发展组织的承诺与发展组织中人员的并行承诺。"

换言之，在这种文化之中，大多数员工与彼此、外部利益相关者及客户一起使用指导方法，指导是我们做事方式的一部分，然而其本身并不是一种方式。

尽管口号喊得响亮，但没有多少组织真的拥有强大的指导文化，虽然许多组织渴望拥有一种指导文化，而且许多组织已经朝着正确的方向迈出了很多步。

人们常说，领导者理解的是他们所体现的文化，而不是他们想要看到的文化。因此，当然，领导者的角色塑造是一种指导方式的关键，至少也明确标志着一个组织正在建立指导文化。那么其他标志是什么？

🤝 有意指导文化是什么

有意指导文化是一种积极发展并纳入指导、正念及同情心的文化。

🤝 强烈有意指导文化的标志

● 高级领导支持指导。

● 视指导为关键领导力及管理能力。

● 员工重视指导。

● 使用外部指导从业者。

● 内部指导者和领导者接受指导技能培训。

● 领导者及内部指导者接受认可的指导培训及

持续的专业指导发展。

● 指导属于预算中有专门项目的固定项目。

● 所有员工都可以平等地获得专业指导者的指导。

● 管理者寻找机会帮助他人学习，而不仅是解

决绩效不佳问题。

- 人们相互提出开放性问题。

- 所有员工都进行公开、诚实及帮助性的对话。

- 团队具备明确的目标、角色、流程及关系。

- 同情的表现及体现方式包括：

  - 对别人的痛苦感同身受。

  - 不只包容那些处于个人困境的人，而是通过系统的小小善举来支持他们。

  - 面对苦难，鼓励并采取适当行动。

  - 鼓励不做评判、宽容及感恩。

- 集体组织正念成为"一个组织中的共同社会实践"，正如著名的集体正念研究者和美国组织理论家卡尔·爱德华·韦克（Karl Edward Weick）所描述的那样，通过"员工对工作环境变化的敏锐感知

能力"，以及"通过理解来龙去脉的重要性""不断
更新员工思考及感知事物的方式"。在团队层面，人
们期望员工能够留意到系统中新的变量或正在发展
的变量，并具备集体正念。

💠 纳入有意指导文化的步骤

步骤 1：探索现在是否为合适的时机。

步骤 2：共同创造目标及价值观。

步骤 3：制定战略。

步骤 4：让高层领导者参与进来。

步骤 5：推广该方法。

步骤 6：确保可持续性。

我们来依次探讨这 6 个步骤。

🤝 探索现在是否为合适的时机

● 对以不同方式做事,人们的准备程度及接受程度如何? 新实践需要时间来学习,所以要在人们最容易接受、最具备能力的时候引入新实践。

● 整个企业是否准备好采用有意指导方法?

● 你决定引入有意指导的原因是什么?

🤝 共同创造目标及价值观

考虑以下几点,为文化创造一个清晰而鼓舞人心的愿景。

- 背景是什么？

- 这种文化将如何帮助实现战略？

- 这种文化对领导者、经理及其他员工、客户或股东、环境及子孙后代有什么好处？

- 如何与所有员工共同创造愿景及价值观，从而实现人人都是主人？

- 在指导、正念及同情方面已经具备什么条件？

🤝 制定战略

- 制定与总体业务战略及组织文化相一致的战略。

- 经常清晰地传达战略。

让高层领导者参与进来

只有高层领导的支持及高层领导的清晰愿景，才能帮助发展有意指导文化，维持有意指导文化。为了与促进赋权的指导风格保持一致，高层领导者需要不断地将相当大的权力交给下级领导及员工。

如果你是一名高层领导者，要确保你支持有意指导，并且分享你的故事。

案例分析

欧洲结算系统（Euroclear）的故事

金融组织欧洲结算系统的一个小型指导及辅导试点项目，发展成为一个在 11 个国家成功的全公司计划，在这一过程中，高层职员的支持至关重要。

　　欧洲结算系统的指导及辅导主管蒂姆·登奇（Tim Dench）在该倡议中赢得了《职场指导》（*Coaching at Work*）杂志 2018 年内部指导／辅导冠军奖。他分享了当时某公司的首席执行官是如何决定企业需要在文化变革方面更加积极主动，于是让登奇加入，并且提供条件让他专注于指导的经历。该公司现在有自己的指导培训中心，由领导力与管理学院（Institute of Leadership & Management）提供认证，提供该学院第五等级的指导培训，其团队指导课程得到了领导力与管理学院的认可。登奇说："如果没有高层领导的大力支持，我们就不会走到这一步。"

🤝 推广该方法

做好召集外部专家的准备。在创建指导文化的早期，人们通常更依赖外部指导及外部支持，但随着内部指导和（或）导师以及在日常生活中使用指导方法的领导者的培训增多，这种依赖会有所降低。有了正念及同情，一开始最好请受过培训的正念教师来进行培训，之后你就可以在内部培训正念教师。

结合外部及内部专业队伍。强大的指导文化的一个标志就是拥有一支由内部及外部指导者组成的强大队伍。由于外部指导者不是组织体系的一部分，他们可以带来新的重要见解，可以揭示盲点，高层领导者可能更喜欢与他们合作。外部指导者应该经过认证、监督，并且经验丰富，非常适合这种文化。

他们应该足够喜欢挑战，能够支持高层领导者。

如果可能的话，让外部指导者定期与内部指导者聚在一起，这样可以向外部指导者介绍整个组织正在发生的事情，并利用机会从出现的共同主题中学习，这是一个好主意。对于后者，保护机密至关重要。

仔细选择培训计划。在培训方面，由于有与指导、正念及同情相关的特定技能，你有很多选择。

● 单独提供培训，提供指导技能培训及正念（融入同情），或将正念及同情发展作为两种不同的选择。

● 将培训计划组织在一起。例如，将核心辅导技能及有意指导以及一个关于正念或同情的模块，或每个模块结合在一起。

具体的同情技能培训项目包括斯坦福大学的同情培养培训，或以同情为中心的治疗项目。

不要成为精英主义者。确保干预措施不限于高层管理人员。

认清当前的挑战并确定做好相应的推广，适当地定制、推广及包装培训。小心不要强制执行，要了解你的员工。帮助他们了解干预措施如何与他们相关并将使他们受益。正确的推广方式至关重要。

当谷歌为压力管理提供正念时，并没有得到接受。人们将正念重新命名为"情商服务"时，它的"探寻内在自我"计划大受欢迎。在其他地方，情况可能恰恰相反，或者其他因素可能会吸引人们，比

如提高智力。

让人们有机会"先试后买"。举办尝试活动、"问答"活动，提供阐明潜在益处的机会。

推广超越个人的干预措施。文化存在于集体关系之中——个体发展本身不会带来文化转变。要确保干预措施也适用于团队和部门。

越来越多的受聘者都在为管理人员及领导者提供基本的指导技能培训，并将正念融入领导力及管理发展计划。

案例研究

汽车燃料电池公司

（Automotive Fuel Cell Cooperation, AFCC）

汽车燃料电池公司允许所有具备资格参与辅

导的员工、合作学生及承包商参与，并分配指导者给所有新员工，作为其入职流程的一部分，确保公司指导战略真正融入公司文化。汽车燃料电池公司获得了国际指导联合会（International Coach Federation）2017年国际指导联合会棱镜奖（Prism Award）。该奖项旨在表彰那些指导计划"产生明显可衡量的积极影响、达到严格的职业标准、实现关键战略目标并塑造组织文化"的组织。

确保可持续性

参与基于价值观的招聘。要确保候选人及新员

工的价值观与组织的价值观一致。

从一开始就明确期望。在入职培训课程中强调辅导、正念、同情和同理心的重要性。

树立新行为榜样。职场行为具有高度的"传染性"——最好及最差的领导者特质会在整个企业中传播，专业人士的行为最易受他们最经常共事的人的影响，通常不分年龄或资历。根据领导力与管理研究所的研究，约 74% 的英国专业人士都会反映出同事的领导风格。

从有意指导角度来看，积极的行为包括：

● 询问而非告知。

● 承认作为领导者及管理者，你不可能无所不知，团队中的其他人也不可能无所不知。

● 真正倾听员工的意见，重视他们的愿望、需求及贡献，并对这些做出回应。

● 了解员工的个性，了解他们的技能及优势。

● 鼓励正念及富有同情心的行为，例如表现出对他人的关心及关注。

● 表明表达情感、尊重及关爱都是积极的领导行为。

● 有时可以勇敢地决定，认定哪些工作可以完成，哪些工作不能完成。

创造有利的工作环境。这包括设计工作空间及工作流程，最大限度地减少不必要的分心及干扰，有助于提高注意力、流动性及生产力，要确保有空间让人们进行指导对话，并可以抽出时间。通过提

供一系列练习正念的支持选项来支持定期的个人或
团体练习，例如：

- 一个安静的练习场所。

- 定期参与的课程。

- 每周鼓励性电子邮件。

- 创建一个定制的内部网络页面或门户，提供
一系列正念资源，如免费或打折的可下载正念应用
程序。

鼓励个人养成习惯。例如，利用视觉提示人们
注意正念休息。

将有意指导融入核心组织流程。

采取以下步骤：

● 将有意指导（指导、具有正念、富有同情心）融入培训、领导力发展及绩效评估。

● 将其纳入战略规划、决策及目标设定过程。

● 通过在招聘员工、新员工入职、领导及直线经理培训、辅导与指导、绩效评估、重返工作岗位面试、晋升、低绩效流程、直线经理标准及离职面试中锚定正念实践，在员工的工作周期中创造正念接触点。通常包括建立一个内部培训师库，并由高层公开倡导正念。

建立证据库。确保领导团队的持续支持。

建立一个由指导、正念及同情倡导者组成的社区。

纳入正念治疗及预防途径。要确保职业健康提

供者及其他人意识到正念培训的好处，并推荐员工参加课程。

培训员工提供指导及正念培训。

奖励并认可富有同情心的行为。即使是一个小小的行为，也要去承认其是富有同情心的。英国德比教学医院国民医疗服务体系基金会信托基金会（Derby Teaching Hospitals NHS Foundation Trust）将同情作为核心价值观，其员工表彰奖计划的重点是表彰从这些价值观出发去做事的员工。

挑战与同情方法相矛盾的行为。此类行为包括缺乏尊重、欺凌、有失公正、私利、指责文化及不文明行为。

定期审查。与外部及内部服务提供者联系，评估组织在指导文化过程中的进展。新战略是否带来

了所需的文化转变？是否有助于组织实现其目标？
包括高管、内部及外部指导团队的代表、正念突出
表现者等。

案例研究

品诚梅森律师事务所（Pinsent Masons）

品诚梅森律师事务所因其在创新方面的领先
地位而赢得了良好的声誉。"我们以创新著称。"
合伙人发展指导索菲·特纳（Sophie Turner）
说，"我们在董事会层面的做法是，着眼于未来
需要什么，包括客户在 5 到 10 年后想要什么。"

这家拥有 1200 名员工的国际律师事务所是
进一步促进多样性的环保举措及计划的早期倡
导者。该律所也是解决职场精神疾病的开拓者

之一——高级领导人分享他们自己与疾病的抗争过程。该律所赢得了许多奖项，也入围了许多奖项，包括在 2018 年和 2019 年律师奖中获得年度律师事务所奖，并在英国《金融时报》2018 年创新律师亚太奖中跻身亚太地区十大最具创新性的律师事务所之列。

从上述内容可以看出，该律所毫无疑问是指导的早期采用者，它将指导与正念相结合，产生了积极的效果，特纳有时称这种方法为"慢指导"。

品诚梅森律师事务所于 2006 年首次引入指导，为合作伙伴（领导者）提供由外部指导从业者教授的指导课程。他们目前仍在提供这些服务——在任何时候，其首选供应商名单上都会有

12 到 15 名外部指导。然而,辅导现在已经成为文化的一部分,与正念方法交织在一起。

大多数董事会成员都被介绍使用正念方法,有些人还做过指导。正念与领导力发展活动交织在一起,例如,在与新伙伴的活动中,特纳谈到了韧性,并邀请伙伴尝试正念练习。

特纳说:"首先,(拥有指导文化)在企业向目标导向型组织转型的过程中发挥了作用;其次,在我们未来一年左右如何实施这种转型方面,指导发挥了关键作用。我们的指导文化极大地帮助了领导者理解目标导向型组织的含义,从而对组织实施项目的能力提供了帮助。否则,围绕开放及帮助他人的整个话题,对我来说就是指导语言,对许多合作伙伴来说会觉得很陌生。"

　　这种方法正在改善决策及人际关系。"在与合作伙伴的关系中，我们看到了更大的普遍接受度，更大的多样性，更大的差异接受度，以及更好的合作。我们已经减少了分歧发生的次数。伙伴之间发生言语口角或断交的概率已被最小化。"

　　"人们也更信任领导层，我认为这在任何组织中都是至关重要的，尤其是在每个人都担心经济动荡的时期。"

　　以特纳为主要参与者的指导以人为中心（假设每个人都有能力发挥自己的潜力，也愿意来发挥自己的潜力），并借鉴了南希·克兰（Nancy Kline）的思考的时间（Time to Think）或格式塔等正念方法。在课程中，特纳说，伙伴经常受到鼓励，进行基于正念的练习，如正念思维及呼吸，"以恢复他们的平衡及韧性水平"。

大部分指导并不会明确提及正念。例如，在支持高级团队成为目标导向型组织的会议上，特纳留出了充足的正念倾听时间。

"虽然这不是严格意义上的正念，但对我来说，这是一种正念方法，这是下一代的正念。正念不是一个'小徽章'，于我而言，这要比'小徽章'大得多，正念是一种精神气质。这关乎不再被动，抽出时间，这对律师很有吸引力。我们有时对律师的健康没有给予足够的关注。如果你对律师说，多睡一会儿，少喝酒，他们会说，好的！但吸引他们的思维，吸引他们如何最好地使用大脑，是另一回事。"

合作伙伴很乐意以正念的方式开始会议。例

如，特纳可能会问："人们感觉怎么样？"或者
"你现在在想什么？"或者在与合作伙伴进行指导
谈话时，她可能会说："我们是不是可以停下来一
会儿……"然后问他们："此刻你有什么共鸣？"

"在大约 12 个月以前，我从来不会问这些问
题，他们对此很满意，因为指导要纳入时间。在
过去，他们会认为你疯了！"特纳说，"当我们刚
开始做指导时，伙伴们对正念工作很害羞，但现
在他们会说：'太好了！'这本身就是一个巨大的
思维转变。"

"这是累积起来的。伙伴们已经在指导中看
到了正念的好处，这一点已经得到扩展，并成为
指导语言的一部分。"

"这项业务的基本原理是让合作伙伴尽可能

处于最佳空间，将正念和正念思维相结合，这就是（利用正念）指导所能提供的。"

"对我来说，正念及指导组织文化是完全交织在一起的。"

超越组织

"如果你想走得更快，就一个人去吧。如果你想走得更远，那就一起去吧。"

——非洲谚语

那些刚刚接受过指导技能培训的人缺乏练习的机会，这是启动指导文化的障碍之一。解决这一问题的一个好方法是组织创建实践网络。这些网络还可以让员工从企业以外的人那里获得指导及指导监督，为他们提供新的见解，并解决直线经理指导员工的潜在问题，直线经理指导员工的效果并不总是很理想。西米德兰兹聘请者指导及辅导池（West Midlands Employers Coaching and Mentoring Pool）就是一个例子。

　　将不同组织的领导人和管理人员聚集在一起也可以创造势头，引领整个行业的系统性变革。目前，威尔士政府正通过将行为洞察等领域的指导、正念培训和教育相结合，形成这种势头。

案例研究

威尔士政府

威尔士的阿伯里斯特威斯大学（Aberystwyth

University）与威尔士政府合作，制定了一项成功的"第二波"正念倡议，以提高正念水平、改善决策，并支持公共部门的行为及系统变革。

2013 年至 2019 年年初，来自威尔士政府的 200 多名员工，包括财政部、英国国家医疗服务体系和可持续未来（Sustainable Futures）等部门的中层管理人员和 50 多名高级公务员（其中大部分是董事）参加了与蕾切尔·利利（Rachel Lilley）共同创建的"基于正念的行为洞察与决策"计划，这个计划以阿伯里斯特威斯大学为基地，针对行为改变及正念研究。

该项目已经过多次迭代，设计及实施该项目旨在为利利的博士学位提供信息，使其了解如何将行为洞察力及正念结合起来，在公共部门工作性质不断变化的背景下支持有效的政策制定及变革。

利利说:"政府设置初期就是为了清点事务,告诉人们该做什么,但现在他们需要处理高度复杂的问题,涉及多个相互竞争的利益相关者,资源有限。"

"此外,领导者及管理者也需要更加亲密。他们现在的工作包括合作、促进、理解、谈判,以及处理感知、情绪和认知。他们正在促进自身及他人之间的相互理解,将来自不同地方的非常复杂的信息汇集在一起,并从中形成想法及结论。他们需要清楚地看到眼前的一切,定期挑战自己,干预、适应及修改,所有这些都是在一个复杂的适应系统中进行的。"

"就他们的运作方式及应对能力而言，这份工作已经完全不同了。如今，世界存在着令人难以置信的多样性，因此他们比以往任何时候都更需要考虑其他人实际看到的信息。他们需要在认知、人们如何感知、情绪是什么以及它与认知的关系方面进行培训。我认为他们需要更多的元认知及视角转换，这些都是相当高级的技能！"

"简言之，正念试图解决（这些项目中）的问题是，在公共政策部门，公务员们正在处理的事务具有巨大的复杂性，他们在处理人类的心理，但他们却不知道心理是什么。"

每个项目组在3个月内接受了8次培训，从全天模块开始。正念是一种探究参与者思想、感受、情绪及行为的方法，其目的是提高感受内

在身体状态的能力，从而更加清醒地意识到它
们所体现的情感状态。除了标准的正念短期练
习外，参与者还使用卡拉帕领导力学院（Kalapa
Leadership Academy）的正念应用程序。他们也
给参与者提供培训。

正念练习与情绪及认知（包括它们如何不可
分离）、决策及行为经济学（将心理学研究纳入
对经济结果背后决策的分析）、认知偏见工作、
拓展的预测思维及建构情绪相关的学习理论相
结合。

利利解释道，例如，深入了解启发式（心理
捷径）及认知偏见如何影响基于工作的决策、团
队合作、组织行为、利益相关者参与、多样性
及包容性，以及项目设计及交付，对乌卡时代的

领导力有着深远的影响。它促进了敏捷性及开放性，并将参与者的心理能力水平带到了一个足够的高度。她说，了解情绪状态如何影响参与、决策及偏见，与那些设计干预措施以促进他人行为转变的人特别相关。

评估，包括项目前及项目后的调查和访谈，以及使用工具对参与者叙述的分析，显示了参与者对关键行为见解的认识显著提高，如周围环境、情绪、价值观以及信仰体系，对塑造行为的影响，通过"正念五个方面问卷"测量，他们在正念特质方面的平均得分显著增加。

在该计划的一个练习中，参与者要轮流倾听，在尝试倾听的同时注意到自己脑海中的想法（元认知）。

"（参与者）突然意识到他们有自己的过滤器，一直在过滤提供给他们的信息，他们在会议上假设其他人也以同样的方式看到了这些信息。因此，出于务实的目的，他们开始倾听。"利利说。

第三部分

推进

第十章
有效指导的潜在障碍

有许多事情可能会妨碍指导的出色发挥。作为指导者，有些你可以控制，有些则不一定——比如组织文化。你可能会在 3 个方面发现潜在的障碍。

指导者方面

● 没有落实核心指导技能——引导而不是促进，提出封闭式问题，没有给被指导者思考的机会等。

● 不愿意或者不能带着强烈的情绪工作——我

们将在下面研究这一点如何去做。

● 被拖入被指导者的过去——在有意指导中，我们可以选择简单地探索过去，因为它会影响现在及未来，但我们不想陷入细节。如果开始发生这种情况，让被指导者继续。感谢他们分享的内容，并且表明你现在专注于他们想要改变的内容。

● 作为指导者的领导者或管理者自己的判断与偏见妨碍了他们。

● 作为指导者的领导者或管理者不了解或未曾管理关系动态。

被指导者方面

● 没有完全投入指导练习——如果发生这种情

况，就大声说出来，如果仍然没有任何变化，就结束指导。也许现在还不是他们参与进来的合适时机。

组织方面

● 强迫人们报名参加指导——这样做很少奏效，指导需要自愿参加。

● 缺乏一种能够让人们尝试新行为的指导文化。

在下文中，让我们来看看其中的一些问题。

🤝 处理情绪

许多刚开始指导的人害怕别人表达强烈的情绪。

如何在保持专业孤立与关注他人需求的同时保持同理心并提供支持？如果有人哭泣，或者你在面对强烈的情绪时感到沮丧，该怎么办？

许多指导客户都会哭泣。眼泪，或其他情绪的表达，可以发出释放情绪的信号、能量转变的信号，这是个好消息，通常意味着你正在做一些重要的事情。

正念练习有助于我们建立能力，不仅要更有同情心及同理心，还要保持冷静，更好地管理我们的情绪。

该做什么及不该做什么

不要忽视强烈的情绪，但也不要急于安慰。安静地坐着或站着，给对方空间，如果他们哭了，就给他们纸巾，一旦情绪过去（而且也一定会过去），温和地问一问："你想谈谈刚才发生了什么吗？"

识别情绪及感受需要练习。就像思想一样，情绪及感受可能会突然出现在我们的意识中，我们可能不知道它们为什么会出现或来自哪里，或者我们可能会把它们与思想相混淆。有时，当我们被问到感受如何时，我们会回答："我认为……"，这显然是一个想法，而不是一个感受。

试试这个

给情绪贴标签（10分钟）

你需要一个记事本。

目标：

- 提高你或被指导者侦测及识别情绪的能力。

- 熟悉情绪、思想及身体感觉之间的联系。

● 增强自我意识及自我管理能力。

- 步骤 1：使用意识三角，进入练习的意向心态。

- 步骤 2：留意任何呈现在自己身上的情绪（这些情绪可能与身体的感觉和想法有关，但专注于情绪）——可能没有任何情绪，也可能有一种或多种情绪。看看你能不能给它们贴上标签。

🤝 识别情绪

一项关于自述情感体验的研究确定了情绪的 28 个类别，但你可以随意发明自己的类别！这些类别包括：

仰慕	困惑	喜悦
崇拜	渴望	怀旧
美感	厌恶	浪漫
欣赏	共鸣	悲伤
欢娱	着迷	满足
焦虑	嫉妒	欲望
敬畏	兴奋	同情
尴尬	惧怕	自豪
无聊	恐怖	
冷静	有趣	

当有人谈论一个与我们自己的经历产生共鸣的问题时，我们可能会被"触发"。这时，我们可以利用会话中的正念来为自己提供资源。我们可以通过善意地向自己承认即将发生的事情，通过专注于我

们的呼吸、腹部的起伏，感受我们的双脚来建立自我。然后，我们可以提供支持并表达同情，而不必为自己进行专门练习。如果这样做不起作用——比如说，有人在分享他们的悲伤，而我们最近也失去了亲人——我们可能不是目前这份工作的最佳人选。这没关系。我们可以把这个人介绍给其他没有经历过同样事情的人，这没有什么不好意思的。

第十一章
压力及心理健康问题指导

现在，让我们探讨一下如何专门针对幸福感，以及与压力和心理健康问题相关的更大恢复力来指导他人。

在本章中，你将学到：

- 如何指导有心理健康问题的人。
- 缓解压力及韧性的技巧与练习。

🤝 指导有心理健康问题的人

作为指导他人的领导者及管理者，我们需要意识到，心理健康问题非常常见，人们往往没有意识到自己精神不适，周围的人也没有意识到。

一位名叫玛丽（Mary）的客户没有既往精神病史，工作表现很好。当她被诊断出患有临床抑郁症时，她与她的同事们都感到震惊。但这成为一个转折点，让她得以恢复，并获得了指导的益处。她认为，这段经历意味着她不仅更坚强、更有韧性了，而且成了一位更好、更具支持力的领导者。她如今在职场分享她的故事，鼓励其他人站出来，获得他们所需的支持。

我们如何通过指导来支持那些正在挣扎的人，

帮助他们管理压力并变得有韧性呢?

应对压力和提高韧性的技巧

● 以正念练习开始所有练习。

● 不要因为有人与你分享了他们的个人健康信息就认为他们一定在寻求帮助。如果有疑问,请询问他们。

● 如果压力确定为一个问题,讨论一下压力的普遍程度,以及当我们感觉到有压力时会发生什么。试着弄清楚个人的"压力警报"是什么,并邀请他人参加下面列出的练习。

● 与感兴趣的人分享科学所提到的资源。

我们如何正确判断一个人是否足够健康,可以

接受指导？对于经验丰富的指导者兼教练主管伊芙·特纳来说，这些包括："考虑这种情况是否意味着与我们一起工作的人有能力在世界上发挥作用……对各种可能性保持警惕——不是因为某人有心理健康问题而将其排除在外，而是要了解情况并做出判断。"

有许多书提供更为深入的指导。下面是你可以围绕这个主题做的一些练习。

试试这个

滋养及消耗练习（10分钟）

你需要一个记事本来做这个练习。

目标：

● 认清是什么消耗了我们？是什么赋予我

们能量？

● 行动起来，增加赋予我们能量的活动，减少消耗我们的活动。

步骤1：把一张纸分成两列。在一列中，写下标题"滋养与活力"。在另一列中，写下标题"消耗及损耗"。

步骤2：想象典型的一天，回想一下你在工作及生活中所参与的不同活动及任务。

步骤3：根据你觉得这些活动及任务是消耗还是滋养，在你的记事本中将它们分别列出来。

步骤4：反思并采取行动。

你能做些什么来增加滋养性的活动，减少（或修改或委派）更具消耗性的活动？

按下暂停键

研究表明,每天练习正念,至少10分钟,尽管时间短,也胜过练习时间长,但是频率却不够。除了逐渐培养正念能力外,短时间的练习很容易在繁忙的工作日完成。

试试这个

SOAR❶（5分钟）

步骤1:软化(softening)。通过主动软化来开始这种练习,你可以很快摆脱身体紧张,身体紧张通常是对不想要的东西畏缩,或是想紧紧

---

❶ 软化(softening)、开放(opening)、允许(allowing)、充电(recharging)4个英文单词的首字母缩写。——编者注

抓住你不想失去的东西的一种表现。

扫描你的身体，寻找紧张的区域——前额、眼睛、下巴、肩膀、腹部等。在你扫描的过程中，轻轻地主动让这些区域软化放松，感受到软化过程在你的身体中蔓延，软化围绕着思想、情绪及事件的任何紧绷感进行。

步骤 2：开放（opening）。软化后，你可以对所呈现的内容更加开放。调整身体的开放感，微笑，放松肩膀，张开双臂，张开双手，放宽姿态。伴随着开放，对我们内外世界中出现的一切的一种好奇相伴而至。

步骤 3：允许（allowing）。继续允许这里的一切，无论是什么，以接受或善意的态度来迎合你的经历。放弃任何评判或批评的冲动。

步骤4：充电（recharging）。我们大多数人对什么能滋养、扶持及激励我们都有自己的感觉。

在这里，调整身体，让身体与任何可以让你充电的东西保持同频。感受一下你的脚踩在地上，也许可以想象你是一棵树，扎根于肥沃的土地；与自然，或美丽环境的视觉或记忆，或生命的源泉调为同频。

步骤5：结束这一小练习。无论你下一步做什么，都要以一种更温和、更开放、更接纳、更饱满的姿态去做。

案例研究

乔纳（Jonah）的故事

乔纳是一位非常聪明、富有创造力的媒体领

袖。他热爱自己的工作，但淹没在工作的持续压力之中，他想探索如何变得更有韧性，学习一些可以在日常工作中引入的技术。

他像一股旋风一样，迅速参加了指导课程。他语速很快，几乎都不换气，嘴里会冒出一连串的想法。作为他的指导者，我被他的才华所吸引，同时也被他的"活泼"所影响——我能感觉到自己在说话时加快了语速，胸中有一个郁结，还有一种向前倾斜的冲动，这就是他所做的一切。

在分享了我的经历后——这种经历引起了他的共鸣——我们练习了一些有意腹式呼吸（见下文）。像我们许多人一样，乔纳在很大程度上生活在他的脑海中，忘记了如何正确呼吸。在指导中，我们探讨了当他能听到自己喋喋不休时，会感到不快的身体症状时，如何选择有意深呼吸来帮助自己平静下来。他学会了如何进行腹式呼吸。

当我们感受到压力时，我们的呼吸就会变浅。当我们练习正念时，我们的呼吸自然会变得更深、更慢，我们会刺激迷走神经，迷走神经是身体中最重要的神经之一。迷走神经帮助调节心率、血压、出汗、消化及说话。迷走神经是自主神经系统中最长的神经，与自主神经系统的副交感神经分支密切相连，因此在调节压力方面发挥着重要作用。

试试这个

腹式呼吸（5分钟）

步骤1：使用意识三角，进入练习的意向心态。

步骤2：把手放在腹部，帮助你与身体连接起来。有意识地做3次深呼吸，吸气时扩大腹部。注意呼吸质量有什么变化。

培养同情心及善意

我早些时候概述了积极支持被辅导者对自己更友善、更热情的益处，其中包括更大的韧性，我还分享了一些培养同情心及善良的技巧。向那些正在挣扎的人介绍培养同情心的关键概念及工具会非常有帮助。

需要注意的一件事是：如果一个指导者高度自我批判，那就要小心行事。不要直接进行仁爱冥想——他们需要时间来建立起来（如果可能的话）。以同情为中心的意象练习及自我同情的打破都是温和的介入方式。

附 录 1
规划指导计划

💠 常见问题

以下是一些常见问题，可帮助你规划单独指导课程：

● 多少次？

即使是单独一次指导谈话也会产生巨大的影响，但习惯需要时间来改变。通常，一个指导项目包括3

到 12 次指导，但最常见的是 6 次指导。

● 多久 1 次？

每次课程间隔至少 1 周，最多 1 个月。

● 指导必须列为选择吗？

是的。把指导作为一种补救工具在职场使用的日子已经一去不复返了。为了让指导真正发挥作用，接受指导者必须参与其中。

● 谁需要知道？

这取决于具体情况。你可能希望让其他各方参与起草指导协议。第三方协议在职场指导中很常见，通常涉及同意接受指导者、指导者（直线经理，人力资源经理等）及另一方（可能是接受直线经理报告的任何人）。

● 初始目标设定与确定总体目标。

虽然我承认有意指导在目标设定时可能过于严格，但这并不意味着可以在不知道自己方向的情况下开始指导工作。你需要与被指导者，可能还有另一方讨论并就指导的目的达成一致。总体目标是什么？职业发展、适应新角色、建立韧性、帮助提高他们的情绪智力等。在第一节阶段课程中，你可以进一步探讨指导将涉及的内容。

● 在哪里指导以及如何指导？

　　如果面对面进行辅导，你最好找一个安静的地方，在那里，你不会受到打扰，甚至可以离开办公室——你甚至可以与你辅导的人一起去当地公园散散步。否则，就在工作场所的某个地方找一个安静的空间。

　　或者也可以在线指导，例如通过视频会议平台。甚至可以通过电话指导。可能会因为你看不到对方的肢体语言而有所失，但也可能会因为他们能够更好地集中注意力而得到补偿。你甚至可以通过电子邮件指导某人——尽管不一定是实时指导。如果你们处于不同的地理位置，电子邮件就会很好地发挥作用。而且，在做出回应之前可以给你们双方时间进行反思。

面对面和在线相结合可以很好地发挥作用。

● 每次课应该持续多久？

半小时到一个半小时之间都可以，都会取得良好效果。

● 我该如何管理时间？

通过练习你会把时间管理得更好。我往往会把一个时钟放在我能很容易看到的地方来查看时间，这并不会破坏与客户之间的融洽。如果你发现自己突然有很多空闲时间，就问问对方他们想做什么。

有时，指导对话自然结束，那么就可以停下来。

● 我们如何评估指导？

在某些组织中，有这样一种信念，即指导是有效果的，不必费心去评估，或者他们不是从"投入回报"的角度来思考，而是从"期望回报"的方面来思考。

一种简单的评估方法是比较人们在指导开始时的状态与他们最终的状态（注意不要过于执着于他们实现最初确定的目标，他们会有所改变），并收集他们对从过程中获得的益处的评论，包括对他们自身、他们的团队及组织的益处。

其他的评估措施包括指导前后的360度反馈调

查（尤其是在有多个指导任务发生的情况下）。例如，收集关于缺勤及工作人员留用的硬数据，衡量底线绩效等。

附录 2

规划你的辅导课程

下面是一个推荐规划，包含一系列 6 个 1 小时指导课程，外加一次"人际关系会议"。

🤝 人际关系会议

在开始指导之前，我建议你们先亲自或在线聊一聊。在最初的这次对话中，阐述并探讨以下内容。

- 通过指导，这个人能理解到什么？人们常常

把指导与辅导混为一谈。你需要有能力解释它们之间的种种差异。

● 他们想从指导中得到什么？他们可能想做一些你不能或不想做的事情，或者是其他人更适合帮助他们。不要涉及细节，但一定要探索一下他们通常想要做的事情。

● 你们将如何合作，对你们双方都合适吗？他们可能想要更多的课程，但你没有那么多时间去提供，或者他们可能希望每次都亲自会面，你也做不到。他们可能想要一个非常有挑战性和有力量的人来一起合作，而你可能不想那样去做。另一方面，对于任何一方来说，与采用他们舒适区之外风格的人合作都不失为一种很好的延伸及学习。探索一下，看看你意见是否一致。

如果你计划实施有意指导，将正念及同情融入你的工作方式，你可以选择提前告诉他们，或者边做边融入。

● 第一次课：介绍性课程

在本次课程中，你将更详细地介绍指导可以解决什么问题。

课程的顺序是：设定场景；探索现实状况；优先考虑某些目标／结果／意图／目的；就重点关注哪些方面达成一致；结束课程及后续行动。

（1）设定场景。就本次课程的时长达成一致。

关闭手机。

建议一起做一次非常简短的正念练习，解释一

下原因（帮助你们更加专注，更加脚踏实地，这样一来，你们就能更好地一起合作）。

解释一下第一次课的目的是什么，探索目前正在发生的事情，并在辅导结束时就总体目标及期望的结果达成一致。

让大家放心，课上发生的一切都会保密。

让大家知道他们随时都可以提问。

（2）设定成果。大家希望在本次课程中取得什么成果？

（3）简要了解当前情况。邀请他们分享他们的工作及生活——我们会把我们的生活带入工作，反之亦然。

列出他们想要关注及改变的事情。

（4）将他们想要关注的领域按优先顺序排列。

给他们回读最初的列表。他们想放弃什么，需要留下什么？请他们列出这些想放弃的和想留下的。（在接下来的 3~6 个月内）使用前面概述的 EXACT 模型。如果你愿意，也可以使用 GROW 模型。你可以让他们以百分比的形式对他们现在的状态进行评分（100% 表示总体成就，即完美）。

你可能会不时返回到某些其他项目。由于这次课程清晰且具有活力，人们无论如何都有可能取得进展，能解决问题，或者会出现其他项目。

（5）结束课程及后续行动。

表达你的感激之情："谢谢你如此诚实，我很钦佩你对这个过程的投入，在我们结束课程时，你有什么想说的吗？"给对方任何你希望他们在现在到下一节课之间使用的工作表或工具。就下次会面上课时间达成一致。

◉ 随后的课程（第二次至第五次课）

（1）设置场景。重新审视以前的目标和成果，探索行动并创建新的目标和成果。正念练习。

（2）快速进入状态。重新审视目标和成果——这些目标和成果在行动方面进展如何？

（3）就他们在这次课程中想要实现的目标达成一致。例如"我想朝着我的……目标前进……"鼓励他们积极表达自己的目标。

（4）探索。利用时间探索一下你认为对人们所专注的事情最有帮助的方式，尝试一下本书中提供的工具和方法。

（5）设置新的后续行动。

（6）结束课程。

🤝 重要因素

每隔几次课程：

● 回顾学员已经获得多大进步。

● 征求有关你的指导以及指导过程对他们所产生的影响的反馈。什么比较好用？什么不太好用？

● 期望目标及结果发生变化。使用"四眼"模型作为 EXACT 模型和 GROW 模型的替代方案。

🤝 最后一次课

（1）设定场景：回顾各种意图 / 目标 / 目的 / 结果，并庆祝学员已经取得了进步。

（2）重新审视：各种意图／目标／目的／结果。

（3）达成一致：在最后一次课中要做什么。

（4）回顾整个系列的指导课程：

强调任何关键收获及所学。问这样的问题："你最大的收获是什么？""你对自己及他人了解到了什么？""对你自己、团队及组织来说，主要的益处是什么？"（在他们许可的情况下，记下他们的回答；匿名评论可以用来证明分配给指导者的资源具备合理性）你可以要求他们在指导结束后填写一份自我报告式的评估问卷。如果你邀请他们对自己的目标进行评分，你可以要求他们给出指导后的百分比："用百分比来讲，你离实现你设定的目标有多近？"

询问对你的指导的反馈："你最喜欢的指导方式

是什么？""你希望什么可以用不同的做法来做？"

（5）结束课程及整个系列：承认可能有一些情绪，比如项目结束时感到悲伤或宽慰。

后　记

预测未来的最好方法就是创造未来。

——彼得·德鲁克

在我写这篇后记的时候，我们的孩子及其他人正走在世界各地的街头，抗议人们在应对气候变化方面做得不够。这只是已故的约翰·惠特莫尔爵士（Sir John Whitmore）所谈到的自我责任的一个例子，与更为广泛的需要及采纳的指导风格有关。约翰爵士曾说，他渴望有一天"指导"这个词不再使用，因为那时指导风格已经成为做事方式的一部分。

在一次采访中，他说："我们终于到了这一步，人们将为自己承担责任，而不是依赖等级制度……指导的主要成果就是自我负责。指导就是为了满足这种需求而成长起来的。我们必须进入使每个人都能承担自我责任的阶段。这种情况发生之时，'指导'这个词就会消失。"

也许这种情况会发生，也许我们会找到一个新词，就像我们找到了"指导"这个词一样。但有一点是肯定的：随着我们在这个不确定的时代不断前进，指导所寻求发展的许多东西，如自我意识和自我责任，将变得更加重要。当工作角色完全消失时，新角色出现时，技术将产生我们大多数人甚至无法想象的影响时，气候变化造成的破坏不断加剧并且再次产生我们许多人难以想象的影响时，这些指导

所寻求发展的东西就会更为重要。

人类作为个体，是分阶段进化的——正如马斯洛等心理学家和学者所强调的那样。作为一个整体，人类也是分阶段进化、跨越式发展的。这种情况以前发生过，比如启蒙运动——"理性时代"（Age of Reason）——现在又发生了。发展的每个新阶段和意识的每个新阶段都带来社会、经济、权力结构等方面的广泛变革。我们发明的各个组织是当时盛行的世界观的产物。弗雷德里克·莱卢（Frederic Laloux）在其颇具影响力的一本书中将人类进化的下一阶段描述为"进化的蓝绿"，他认为这一阶段具有以下特征：

- 驯服对自我的恐惧。

- 转向内在正确的内在指南。

- 将生活视为一场个人和集体向我们真实本性发展的旅程。

- 接受从赤字到基于优势的范式的转变（作为人类，我们都具有待发展的潜力）。

- 优雅地应对逆境。

- 超越理性的智慧。

- 追求与他人、生命及自然相关的完整性。

听起来很不错，这正是在这个充满挑战的时代所需要的。

这也和勇气有关。经验高度丰富的企业教练、蕊露（Relume）的联合创始人克莱尔·布里兹（Claire Breeze）说，当她管理指导者时，她会问这

些指导者，"关键时刻到来时，你真正为谁而工作？"
她说：

许多人说，从根本上讲，他们为个人服务。现
在我也不会认为这有什么过错，我认为这非常值得
称道。然而，如果我们无意地站在个人一边，没有
对我们就职的公司的状况承担足够的责任，我就会
认为这很矛盾——我们可能是在支持那些不一定能
持续下去的人和制度。指导可以是一种激进的授权
实践。作为指导者，做好了，我们就是一股激进变
革和向善的力量。而如果做不好，我们就是在支持
各种自满的制度。

莱卢讲述了他是如何被《特立独行!》(*Maverick!*)

的作者里卡多·塞姆勒（Ricardo Semler）问道
"为什么现在的情况应该有所不同？"。毕竟，以前也
有希望，但（在职场）并没有什么真正的改变。我
们并没有看到在《特立独行！》中分享的开创性自我
管理实践得到广泛采用。但是，和莱卢一样，我完
全相信，到了改变的时刻了。我呼吁，而且致力于
发展并传播指导、正念及同情就是其中的一部分。

空气中弥漫着某些东西，闻起来像是希望。